EL CAMINO ESTOICO A LA RIQUEZA

DARIUS FOROUX

EL CAMINO ESTOICO A LA RIQUEZA

SABIDURÍA ANTIGUA PARA UNA VIDA PRÓSPERA

Traducción de Antonio Francisco Rodríguez Esteban

PAIDÓS Contextos

Obra editada en colaboración con Editorial Planeta – España

Título original: *The Stoic Path to Wealth, de Darius Foroux*

Esta edición se ha publicado por acuerdo con Portfolio, un sello editorial de Penguin Publishing Group, una división de Penguin Random House LLC.

Bajo el sello editorial PAIDÓS M.R.
Avenida Presidente Masarik núm. 111,
Piso 2, Polanco V Sección, Miguel Hidalgo
C.P. 11560, Ciudad de México
www.planetadelibros.com.mx
www.paidos.com.mx

Primera edición impresa en España: septiembre de 2025
ISBN: 978-84-493-4429-9

Primera edición impresa en México: marzo de 2026
ISBN: 978-607-639-180-8

Impreso en los talleres de Impregrafica Digital, S.A. de C.V.
Avenida 11 463, interior Bodega 2
Colonia San Nicolas Tolentino
C.P. 09850 Iztapalapa, CDMX
Impreso en México – *Printed in Mexico*

Sumario

Tercer principio
MULTIPLICA TU DINERO

TÉCNICAS DE INVERSIÓN ESTOICA

Introducción

POR QUÉ EL ESTOICISMO AYUDA A CREAR RIQUEZA

Capítulo 1

Mi búsqueda de la prosperidad permanente

Nací en Teherán en 1987, en el apogeo de la guerra con Irak. Un año más tarde, mi madre abandonó el país y se marchó a Holanda, donde otros miembros de la familia habían llegado unos meses antes. A mi padre no se le permitió dejar el país durante la guerra, por lo que mi madre tuvo que hacer el viaje sola. Cuando se presentó ante los servicios de inmigración holandeses, no tenía dinero, solo una maleta; eso era todo. Mi padre llegó en 1990 sin ninguna posesión. Se vio obligado a viajar por tierra y tardó casi dos meses. Suena dramático, pero esta es la historia de millones de personas en el mundo. Si estás viviendo en Estados Unidos, la tierra de los inmigrantes, tus padres, abuelos o bisabuelos probablemente llegaron al país en circunstancias similares.

Cualquiera que abandone su país por necesidad tiene que empezar desde cero. Mis padres tuvieron que volver a estudiar, aprender una nueva lengua, adaptarse a una cultura diferente, crearse una vida social y construir un futuro mejor para sí mismos, para mi hermano y para mí. Hasta donde me alcanza la memoria, nuestra familia vivía al día; estábamos hasta el cuello de deudas. En nuestra casa, todo giraba alrededor del dinero, o, más exactamente, de la falta de dinero.

Mis padres se esforzaron para criarnos holgadamente, pero siempre discutían sobre el precio de cualquier cosa, desde la comida hasta la ropa. A pesar de nuestras limitaciones, mi hermano y yo nunca nos acostamos con hambre, e incluso tuvimos una consola Nintendo. Sin embargo, de algún modo yo me sentía culpable. Creía ser la causa de las dificultades económicas de mis padres. Aunque no conocía los detalles exactos de sus penurias financieras, percibía una tensión constante en el hogar. Temía perder todo lo que teníamos. Un pensamiento recurrente que me asaltaba era: «Si no me hubieran tenido, no gastarían tanto dinero y no discutirían». Ahora entiendo que estos eran los pensamientos de un niño muy responsable. Con todo, mi infancia me infundió una sensación de urgencia. Estaba determinado a hacerme rico para que no tuviéramos que seguir viviendo así.

Esto me impulsó a estudiar economía y empresariales en la universidad. Recuerdo que mis compañeros de clase tenían grandes problemas para elegir la especialidad. Para mí eso no suponía un problema. Mi único objetivo era ganar mucho dinero. Y creía que tener una licenciatura en empresariales era el camino con mayores probabilidades para el éxito.

En 2007, cuando aún estaba en la universidad, conseguí

un trabajo en ING, un banco multinacional holandés. ING gozaba de un gran auge internacional en aquella época y tenía oficinas en todo el mundo. Esto fue antes de la crisis financiera global y la industria estaba menos regulada que en la actualidad. Por las tardes trabajaba en ING, al principio en la sección de atención al cliente, donde ayudaba con tareas habituales como solicitud de tarjetas de crédito o préstamos personales. Tres meses después de vender un montón de tarjetas de crédito a los clientes, me ofrecieron un puesto como asesor de fondos de inversión en la sección de inversiones. Era un sueño hecho realidad. En mi adolescencia, me encantaba el mundo de las finanzas que exaltaban películas como *Wall Street* y *El informador*. Cuando acepté, me imaginé vendiendo acciones por teléfono como Bud Fox, el personaje interpretado por Charlie Sheen en *Wall Street*. No vendí acciones de empresas individuales, como hacía Bud, sino fondos de inversión o cestas de acciones, lo que para mí era bastante parecido. Me sentía como un corredor de bolsa.

En aquella época era sorprendentemente fácil convertirse en asesor en la industria neerlandesa de servicios financieros. Participé en un programa de formación de tres semanas y fue muy bien. Mi cometido era sencillo: llamar a clientes reales que ya habían invertido en otros productos financieros y convencerlos para invertir en los últimos fondos de inversión que el banco había introducido. El ambiente era excelente, y llamar a los clientes fue una gran experiencia. Era una época en la que a la gente aún le gustaba hablar con su banco, cuando todavía se confiaba en los banqueros.

Sin embargo, al echar la vista atrás no puedo evitar pensar: «¿Cómo es posible que un chico de veinte años con un programa de formación de tres semanas aconseje a los clientes cómo invertir?». Todo tenía que ver con los beneficios. El banco ofrecía sistemáticamente nuevos fondos de inversión con temas específicos como energía sostenible, mercados emergentes, tecnología, etcétera. Un fondo de inversión es una cesta de acciones seleccionadas por un gestor de fondos. El objetivo era lograr la participación del mayor número posible de inversores, porque el banco se quedaba con una tasa del dinero invertido por los clientes. Y reclutar clientes era fácil porque ¿quién se resiste a la promesa de ganar dinero sin trabajar? Invierte dinero en un fondo y espera a hacerte rico.

Después de cerrar mis primeros tratos, me creí un genio de la inversión. Le hablaba a todo el mundo de mi trabajo: a mi familia, a mis amigos, a mis compañeros estudiantes, a mis profesores. Incluso compré acciones de ING con el dinero ganado en el banco. Inmediatamente después de adquirirlas, me froté las manos y esperé a hacerme rico. Cada acción me costó 27 dólares. Sin embargo, un año más tarde, ING Direct se cotizaba a 3 dólares. Había empezado a invertir en el momento álgido de la burbuja del mercado inmobiliario que provocó la crisis financiera de 2008-2009. Me sentí enfermo al perder tanto dinero. Esa sensación me ha perseguido durante años.

Aunque no vendí en el punto más bajo, mantuve las acciones hasta 2011, cuando ya no pude sostener la montaña rusa emocional y las vendí en torno a 11 dólares la acción. En cuatro años perdí el 60 % de mi dinero. Entretanto, el mercado había recuperado sus pérdidas y ahora estaba más fuerte que antes de la crisis financiera. A pesar de que solo invertí 2.000 dólares, perder más de la mitad duele independientemente de la cantidad de dinero que hayas arriesgado. Como si el dolor de crecer en la pobreza no fuera suficiente, también me quemé en el mercado bursátil. Invertir era demasiado duro. Como cualquiera que pierde dinero en estos lances, pensé que aquello era solo para ricos o para banqueros de Wall Street con un traje de tres piezas. Aunque en aquella época tenía un máster en Administración de Empresas y me había especializado en finanzas, no confiaba en crear riqueza en el mercado de valores. Me rendí el día en el que vendí mis acciones.

Lo cierto es que no podemos permitirnos no invertir. La vida es cada vez más cara. Los precios de prácticamente todo (los alimentos, el gas, los seguros, la energía...) no paran de subir. Muchas personas no pueden permitirse comprar una vivienda. Y lo peor es que no todos los salarios crecen al ritmo de la inflación.[1] En realidad, tu riqueza se estancará o disminuirá año tras año... si no tienes activos. El siguiente gráfico muestra el efecto de la inflación en tu dinero con el paso del tiempo. Entre 1980 y 2022, la inflación media en Estados Unidos fue del 3,06 % (eso incluye la elevada inflación de 2021 y 2022).[2]

En comparación, el mercado (cuando hablo de «el mercado» me refiero al índice S&P 500, que incluye a las quinientas empresas más grandes que cotizan en bolsa en Estados Unidos) ha logrado un rendimiento anual medio del 11,44 % desde 1980.[3] Desde su creación en 1928, el rendimiento del S&P 500 ha sido de aproximadamente el 10 % anual.[4] Si lo ajustamos con la inflación, el mercado ha tenido un rendimiento del 8,38 % anual. Puede no parecer mucho. Pero la alternativa es quedarse en el efectivo.

Para los ahorradores en efectivo, el panorama es desolador. Imagina que has escondido 1.000 dólares bajo tu colchón en 1980. Cuarenta y dos años después, en 2022, ese dinero tiene un valor real de 240 dólares.[5] Sin embargo, si has invertido ese dinero en el índice S&P 500, tendrás un rendimiento real (tras el ajuste de la inflación) de 29.632,50 dólares.[6] En ese periodo de tiempo, hemos experimentado guerras, recesiones, desastres naturales, tensiones políticas, burbujas bursátiles, aumento de las tasas de interés y una severa crisis financiera. También sufrimos una pandemia glo-

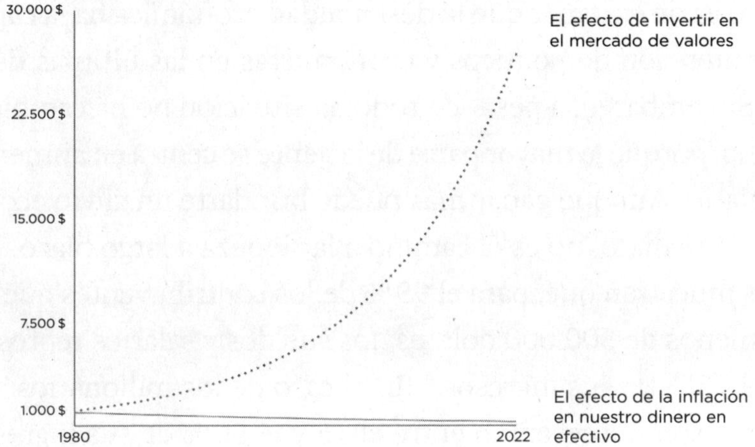

Figura 1. La diferencia entre la capitalización positiva en el mercado bursátil y la capitalización negativa debida a la inflación.

bal que provocó casi 7 millones de muertos, junto con una amplia gama de efectos secundarios como una inflación de dos dígitos, problemas en la cadena de suministros y falta de trabajadores.[7] Y, mientras tanto, los precios de los activos subieron. El problema es que no todo el mundo posee activos financieros. Esto provoca la brecha de riqueza.

La práctica totalidad de los países del mundo, al margen de su nivel de desarrollo, presenta un problema de desigualdad creciente. Por ejemplo, la nación más rica y próspera del mundo, Estados Unidos, ha sido testigo de cómo la brecha de riqueza entre los más ricos y los más pobres se ha duplicado entre 1989 y 2016.[8]

No es de extrañar que la desigualdad económica haya captado la atención de políticos y economistas en las últimas décadas. Sin embargo, a pesar de todo, la situación no ha cambiado mucho, porque la mayor parte de la gente se centra en aumentar su salario. Aunque ganar más puede brindarte un alivio económico inmediato, no es el camino a la riqueza a largo plazo. Los datos muestran que, para el 99 % de los contribuyentes que ganan menos de 500.000 dólares, los sueldos y salarios representan el 75 % de sus ingresos.[9] En el caso de los millonarios, sus salarios solo representan entre el 15 y el 50 % de sus ingresos.

Por lo tanto, esto es lo que hay que hacer para hacerse rico: invierte tu dinero en activos fiables y deja que crezcan con el tiempo. Parece muy fácil, pero es una de las cosas más difíciles de conseguir en la vida, porque no solo queremos hacernos ricos a toda costa, queremos más dinero, pero al mismo tiempo también queremos paz mental. Y estas dos cosas no siempre van de la mano. Puedes tener suficiente dinero como para que no te preocupe pagar las facturas y vivir aterrorizado y ansioso ante la posibilidad de perderlo.

Debemos prosperar financiera y mentalmente. Cuando tus finanzas sean sólidas y tu mente esté en paz, habrás alcanzado la verdadera riqueza. Cuando no dependas exclusivamente del trabajo para ganar dinero, cuando tu dinero crezca por sí mismo en el mercado bursátil, al final podrás liberarte de la trampa de intercambiar tu tiempo por dinero.

Aunque la economía sigue creciendo a pesar de los acontecimientos catastróficos y, en consecuencia, el mercado sigue al alza, la inversión a largo plazo presenta algunos desafíos.

Desafío n.º 1: Volatilidad

Muchos de nosotros admitimos que exponernos al mercado bursátil es una buena manera de generar riqueza. El problema consiste en que invertir en acciones es difícil debido a la volatilidad del mercado. Los precios suben y bajan constantemente, lo que juega con dos poderosas emociones humanas: el miedo y la codicia. Sentimos miedo cuando el mercado baja y nos dejamos arrastrar por la codicia cuando el mercado empieza a subir y sentimos el impulso de invertir de golpe los ahorros de toda una vida.

Esta dinámica se ha intensificado en los mercados públicos desde 2020. Desde la pandemia de la COVID-19, el comercio de acciones se ha vuelto más popular que nunca. En 2011, los inversores individuales representaban poco más del 10 % del volumen total de transacciones en el mercado de valores.[10] En el primer trimestre de 2021, esta cifra había subido hasta prácticamente el 25 %.

Sin embargo, los mercados han sido más traicioneros. Una forma de medir la volatilidad consiste en evaluar con qué frecuencia el S&P 500 experimenta un movimiento de al menos un 1 % en cualquier dirección en un solo día. En 2022, la frecuencia de estas oscilaciones en el S&P 500 fue de más del 87 % de los días de mercado, una tasa observada anteriormente solo durante el punto álgido de la crisis financiera global de 2008.[11] Otra medida, el índice de volatilidad CBOE (o VIX), que mide la expectativa de volatilidad a corto plazo en el mercado, se ha mantenido alta desde febrero de 2020 hasta principios de 2023.

Todo esto quiere decir: la volatilidad es elevada, lo que hace que los mercados parezcan erráticos. Si intentas reaccionar a los cambios diarios en las cotizaciones bursátiles, perderás dinero o te quedarás al margen. Tendrás éxito si mantienes la serenidad a pesar de la naturaleza fluctuante del mercado.

Desafío n.º 2: Constancia

Elegir la estrategia de inversión correcta no es fácil. Dispones literalmente de cientos de miles de opciones para invertir tu dinero. La mayoría de corredores de bolsa ofrecen la posibilidad de comprar acciones y productos de todo el mundo. Mientras estoy escribiendo estas líneas, hay más de 59.000 empresas en las que podemos invertir en todo el mundo.[12] Y además disponemos de otras muchas formas de inversión, como los fondos cotizados (ETF), fondos de inversión, bonos y productos como el oro, la plata, el cobre y las criptomonedas.

Por otra parte, hay miles de «expertos» que predicen todo tipo de acontecimientos en la economía. En las redes sociales hay personas que llevan una década advirtiendo del colapso total del dólar. Nuestro mundo se vuelve más rápido, más ruidoso y caótico, lo que no deja de resultar abrumador. No podemos distinguir lo relevante de lo trivial, lo verdadero de lo falso.

Y si intentamos invertir en algo, nos distrae la próxima novedad que se interpone en nuestro camino. Probamos muchas estrategias diferentes, lo que nos impide una actitud coherente. El éxito en la inversión tiene que ver con descartar la información irrelevante, tener la fuerza para mantener la propia estrategia y resistir el impulso de seguir otras oportunidades.

Desafío n.º 3: Pérdidas anteriores

Perder dinero en el mercado de valores es algo habitual. Los estudios centrados en los porcentajes de éxito de los inversores individuales que se muestran muy activos demuestran que solo entre el 1 y el 3 % gana dinero a corto plazo.[13] Cuesta imaginar que hasta el 99 % de todos los corredores de bolsa pierde dinero, pero no me sorprende. Todas las personas con las que he hablado y que han probado a comprar y vender acciones han perdido dinero.

Operar con acciones para obtener ganancias a largo plazo siempre suena bien (¿quién no quiere hacer dinero con unos pocos clics en su app de operación de acciones?), pero, cuando la gente descubre que las probabilidades están en su contra, probablemente ya ha perdido el dinero suficiente como para tirar la toalla y dejar de invertir.

¿Qué hay de los pros? En torno al 80 % de los operadores monetarios profesionales obtiene malos resultados en el índice S&P 500.[14] Esta es la razón por la que tanta gente tiene una mala experiencia con la inversión. Lo más probable es que tú también pierdas dinero al invertir. Y sé por experiencia personal que, cuando ocurre algo así, uno prefiere quedarse al margen de los mercados. Pero también te das cuenta de que estás perdiendo la oportunidad de ganar dinero. Esto es en esencia a lo que se reduce invertir en acciones: pones tu dinero en el mercado y esperas a hacerte rico.

Por qué gestionar tus emociones es la clave para el éxito al invertir

Siempre creí que invertir era un rompecabezas intelectual. Pensaba: «Si tuviera la fórmula correcta...», como si la inversión fuera una ecuación matemática que podemos resolver. Y yo no era el único. Tan solo en 2021 se vendieron más de 80 millones de libros sobre negocios y finanzas.[15] Muchos de estos libros abordan los aspectos racionales de la inversión. Te enseñan una metodología para invertir. Esta es la razón por la que un gran número de personas pensamos que invertir es cuestión de aprender a hacerlo desde un punto de vista práctico. La verdad es que los profesionales saben que invertir no tiene que ver con la teoría o el conocimiento; tiene que ver con gestionar tus emociones.

Benjamin Graham, que creó el primer enfoque sistemático para la inversión en los años treinta, dijo lo siguiente: «Los individuos incapaces de controlar sus emociones no están cualificados para beneficiarse del proceso de inversión».[16]

Esto marca un profundo contraste con la creencia popular. La película *Pi*, estrenada en 1998, refleja la idea que millones de personas tenemos sobre la inversión. La película sigue a un matemático de talla internacional, llamado Max Cohen, que intenta descubrir patrones numéricos detrás del mercado de valores, y así predecir su dirección. Sin embargo, por mucho que se esfuerza en lograr este objetivo, no encuentra una forma de predecir la evolución de los mercados, y esto lo vuelve loco. Al final, Max destruye todo su trabajo y abandona. La búsqueda de Max es algo que muchos de nosotros hemos experimentado de una forma menos dramática.

Empezamos a invertir siguiendo los consejos de las redes sociales, perdemos dinero, nos hundimos emocionalmente y decidimos que invertir solo es competencia de los profesionales de Wall Street. Yo experimenté eso durante la caída de la bolsa de 2008, que destruyó 10 billones de dólares de riqueza en Estados Unidos.[17]

Creía que un mayor conocimiento sobre la inversión y el mundo financiero me ayudaría a evitar pérdidas. Además de conseguir mis titulaciones, estudié las estrategias de los inversores de éxito. Aprendí de personalidades valiosas como Warren Buffett, Charlie Munger, Peter Lynch, Bill Ackman, Geraldine Weiss, Joel Greenblatt, etcétera. Estos inversores tienen una estrategia a largo plazo fundamentalmente centrada en elegir empresas solventes para invertir en ellas. Sin embargo, para ampliar mi conocimiento sobre el mercado de valores, también estudié a corredores de bolsa como Jesse Livermore, Martin S. Schwartz, Martin Zweig, Paul Tudor Jones y muchos otros. Este aspecto de las finanzas es diferente a la inversión. Los corredores de bolsa están más preocupados por generar beneficios a corto plazo rentabilizando las diferencias de precios. Compran un activo e intentan venderlo a un precio superior. No en todos los casos les interesa el valor subyacente del activo, siempre que sea ascendente.

Sin embargo, no fue hasta 2017 —diez años después de comprar mis primeras acciones— cuando finalmente descubrí la verdadera clave para el éxito en la inversión. Después de todo este esfuerzo por educarme a mí mismo, por dominar los principios de la inversión, aún tenía demasiado miedo como para arriesgar mi propio dinero en el mercado. Cada pocos años invertía en acciones, pero no había encontrado la manera de ser perseverante. Me sentía como Max Cohen en *Pi*. Tan solo quería dejarlo. Porque, al margen del conocimiento que consiguiera reunir, todavía no podía ponerlo en práctica. Me gustaría poder decir que me acerqué a la filosofía por curiosidad, pero la verdad es que lo hice por necesidad. Mi búsqueda de la riqueza no me llevaba a ningún sitio y tenía la sensación de que era necesario proteger mi cordura. Un día, mientras leía a Séneca, uno de los estoicos más importantes, al fin comprendí por qué había dejado de invertir y no había vuelto a hacerlo. Séneca escribió:

> Al principio toda emoción es débil, luego despierta, cobra fuerza y avanza; es más fácil mantenerla fuera que eliminarla. ¿Quién niega que todas las emociones tienen un inicio natural? La naturaleza nos ha confiado que cuidemos de nosotros mismos, pero, cuando nos dejamos llevar en demasía, surge el error.[18]

Había permitido que mis emociones se hicieran fuertes a lo largo de los años. Con el tiempo, el miedo a perder dinero en los mercados se había vuelto tan intenso que me había paralizado. Y estaba buscando una cura equivocada. Creía que un mayor conocimiento me haría ganar más dinero, pero lo que realmente necesitaba era cuidar de mí mismo, como decía Séneca. Tenía que evitar dejarme llevar por mis emociones. Todo empezaba a tener sentido. Era como si adquiriera una perspectiva completamente diferente en relación con una vieja cuestión. Era como observar un problema desde un nuevo ángulo. Durante *años* había estado atrapado en las trincheras. Ahora sobrevolaba la situación en un helicóptero y veía la imagen completa. Me di cuenta de que:

1. Para lograr riqueza en el mercado de valores, tengo que dominar mis emociones.
2. Puedo usar el estoicismo para dominar mis emociones.
3. A continuación, puedo aplicar el estoicismo a mi estrategia de inversión, a fin de dominar mis emociones en el mercado de valores.
4. Si actúo así, podré perseverar y permitiré que mi dinero crezca con el tiempo.

Tras mi momento de iluminación, me dispuse a saber más. Sin duda alguien había escrito cómo utilizar el estoicismo para llegar a ser un mejor inversor. Sin embargo, al parecer nadie lo había hecho, y así fue como empecé a documentar mi propio viaje como inversor estoico.

En julio de 2015 empecé a publicar un boletín y artículos sobre filosofía, estudios universitarios, finanzas personales y economía en <dariusforoux.com>. He publicado unos quinientos artículos que han sido leídos por más de 30 millones de personas, desde ejecutivos de alto nivel en empresas Fortune 500 a atletas profesionales. Mi trabajo ha aparecido en publicaciones como *Forbes, Entrepreneur, Business Insider* y *The Economist*. En 2020, la plataforma de publicaciones Medium me encargó escribir una columna semanal sobre estoicismo, que ha atraído a más de 275.000 seguidores.

Estudié estoicismo e inversión durante años y escribí sobre cada uno de estos temas de forma independiente hasta que en febrero de 2021 publiqué un artículo en el que interrelacionaba ambos campos. Durante años he puesto a prueba mi estrategia de inversión estoica, y lo he hecho en secreto. En cuanto empecé a invertir según los principios estoicos, descubrí los beneficios inmediatos en términos de fortaleza mental y en forma de rendimientos positivos en mi cartera de acciones. La gran prueba tuvo lugar en marzo de 2020, cuando el S&P 500 cayó un 34 % en un mes.[19] Mi antiguo yo se habría aterrorizado y habría vendido en el peor momento. Mi yo estoico se limitó a seguir invirtiendo serenamente. Estaba seguro de que esta estrategia funcionaba, y sabía que era el momento de compartir lo que había aprendido. Fue entonces cuando empecé a escribir un artículo con el título del libro que ahora tienes entre tus manos. En el artículo, presenté brevemente la idea del camino estoico hacia la riqueza. De inmediato me llegaron infinidad de correos electrónicos y mensajes de lectores que querían más. Entonces fui consciente de que necesitaba escribir el libro que estábamos esperando.

Capítulo 2

Crear riqueza aplicando la sabiduría antigua

El estoicismo es una escuela filosófica de pensamiento fundada por Zenón de Citio en Atenas, en el siglo III d. C.[1] Zenón procedía de una rica familia de mercaderes en Citio, ciudad fenicia localizada en la isla que hoy conocemos como Chipre, y siguió los pasos de su padre para convertirse en mercader. En lo que parecía un viaje normal para vender mercancías, naufragó cerca de la costa de Atenas y perdió todo su cargamento. Zenón perdió su fortuna ese día.

Decidió ir a Atenas, donde descubrió un libro que describía a Sócrates y su vida. Zenón preguntó al librero: «¿Dónde puedo encontrar a un hombre como este?». En aquel momento, el filósofo ateniense Crates paseaba junto al establecimiento y el librero se limitó a señalárselo: «He ahí el hombre que buscas». Y así fue como nació el estoicismo. Zenón experimentó la pérdida, intentó encontrar respuestas en una librería, descubrió la filosofía y de inmediato quiso saber más. ¿No es así como todos descubrimos la filosofía? Este es su objetivo: el intento de gestionar el propio dolor para encontrar la paz interior.

El estoicismo pasó de un maestro a otro, y su popularidad creció lentamente en Grecia y Roma. Era una filosofía útil para ayudar a afrontar la inestabilidad política, los conflictos y las guerras civiles, tan habituales en la época. Aunque nuestro mundo es muy diferente al de la antigua Roma, las lecciones del estoicismo siguen siendo relevantes. Su vigencia a lo largo de los siglos, desde los tiempos de Zenón, se explica por su sencillez y utilidad.

La base del estoicismo es el principio de saber qué es lo que podemos y no podemos controlar. Lo cierto es que solo controlamos nuestras acciones, creencias y juicios. No tenemos control sobre cosas exteriores como la opinión de los demás, la economía, el envejecimiento o los accidentes, ni tan siquiera lo tenemos sobre los resultados de nuestras decisiones. Y, sin embargo, insistimos en obsesionarnos y preocuparnos por estas cuestiones que no podemos controlar, y esta es la razón por la que muchos padecemos mental y financieramente.

Al centrar nuestra energía en lo que podemos controlar y dejar de preocuparnos por lo que no controlamos, alcanzamos la serenidad interior. Un estoico siempre tiene una ventaja en una situación volátil. Ahí donde los otros pierden el ánimo y sucumben a sus emociones al menor revés, el estoico permanece en calma y observa los hechos. Pero el estoicismo no consiste en controlar lo que te sucede; tiene que ver con controlar cómo *respondes* a lo que te sucede. El objetivo es vivir en el presente, libre de preocupaciones por las cosas que no puedes controlar.

Presentación de los cuatro estoicos más importantes

Te presentaré las ideas de los estoicos a través de una perspectiva financiera, de modo que tenga sentido para ti tanto si eres un consumado estudiante del estoicismo como un principiante. En este libro citaré a los filósofos estoicos más relevantes. Permíteme presentarlos brevemente para que comprendas mejor quiénes fueron.

Presentación de los estoicos

Quién	Cuándo	Qué defendió
Lucio Anneo Séneca	Aprox. 4 a. C.-65 d. C.	Alcanzar la verdadera libertad practicando el no apego a la propia riqueza.
Gayo Musonio Rufo	Aprox. 30 d. C.-101 d. C.	La importancia de una vida sencilla y frugal como forma de reforzar el propio carácter.

Quién	Cuándo	Qué defendió
Epicteto	55 d. C.-aprox. 135 d. C.	La aceptación radical de las cosas que no podemos controlar y la concentración en la mejora de uno mismo.
Marco Aurelio	121 d. C.-180 d. C.	La importancia de la justicia y la honestidad en el trato con los demás.

Lucio Anneo Séneca fue un estadista y filósofo romano nacido en torno al año 4 a. C. Nació en una familia rica y tuvo una carrea exitosa en el mundo de la política. Pasados los cincuenta, se retiró de la vida pública para escribir obras filosóficas. Más tarde se vio implicado en una conspiración contra el emperador Nerón y fue obligado a suicidarse en el año 65 d. C.

Gayo Musonio Rufo nació en torno al año 30 d. C. Fue un filósofo estoico nacido en una familia acomodada. Dedicó su vida a enseñar filosofía, en lugar de seguir una carrera política como su padre. Valoraba la práctica de los ejercicios filosóficos y llevar una vida frugal para mejorarse a sí mismo. Musonio se inspiró en los estoicos más antiguos, y la escuela en la que enseñaba gozaba de gran reputación.

Epicteto, nacido en torno al 55 d. C. en Grecia, era hijo de una esclava y acudió a las clases del filósofo Musonio antes de ser liberado y enseñar estoicismo en Roma. Más tarde fundó su propia escuela en Nicópolis, Grecia, y subrayó la importancia de aceptar lo que nos sucede, sin dejarnos definir por las fuerzas externas. Su discípulo Arriano transcribió las enseñanzas de Epicteto y las publicó en los volúmenes *Discursos* y *Enchiridion*.

Marco Aurelio nació en el 121 d. C. y se convirtió en coemperador de Roma a los diecinueve años. Expandió el dominio romano hasta incluir Germania y Recia. Estos territorios incluyen países actuales como Alemania, Austria y Suiza, así como partes de Países Bajos, Bélgica y Francia, lo que esencialmente implica que gobernó la casi totalidad del continente de Europa. Aurelio aprendió el estoicismo de Epicteto, cuyas enseñanzas citó en su única obra publicada, las *Meditaciones*. Este libro consiste en reflexiones personales e ideas filosóficas que Marco Aurelio escribió durante su etapa de mayor éxito como emperador. Más que un discurso formal sobre el estoicismo, se trata de una mirada íntima a los pensamientos y visiones de un hombre que se esforzaba por comprenderse a sí mismo, pero también por comprender el mundo que le rodeaba y llevar una vida virtuosa.

Fusionar estoicismo e inversión

En esencia, el estoicismo es una estrategia de supervivencia. El estoicismo no es un mero conjunto de creencias; es una forma de proteger tu cordura. Pero también puedes aplicarlo a la protección de tu dinero. Sin embargo, la mayor parte de la gente asume que los estoicos sentían aversión por el dinero. Después de todo, ganar y perder dinero es algo que no está plenamente bajo nuestro control. Según el estoicismo tradicional, lo único que cae bajo nuestro control son nuestras acciones y juicios.

Siguiendo esta lógica, podríamos decir que el dinero es malo porque no está bajo nuestro control. Pero esto es lo que Epicteto, uno de los estoicos más rigurosos, dijo sobre el dinero: «Si puedes ganar dinero siendo honesto, fiable y digno, hazlo a toda costa. Pero no ganes dinero si eso compromete tu integridad».[2] Me encanta esta actitud, porque no juzga a quienes tienen la ambición de ganar dinero.

¿Quieres hacerte rico? Inténtalo. ¿Y si no lo consigues? No pasa nada. Concéntrate en hacer lo correcto y olvida el resultado.

La idea es que una buena conducta produce una buena vida, una vida participativa, relaciones amorosas y paz mental. Los estoicos eran inversores. Renunciaban a la gratificación instantánea y los malos hábitos para aumentar las opciones de vivir una vida en paz. Y esta es, exactamente, la clave: encontrar la realización financiera implica invertir en uno mismo. Te desprendes de parte de tu dinero hoy para que crezca y tengas más en el futuro.

Los desafíos que afrontamos con la volatilidad, la constancia y las pérdidas anteriores se derivan de la incapacidad de mantener la calma. Después de todo, ¿quién no quiere multiplicar su dinero? El problema reside en que dejamos que nuestras emociones controlen nuestras decisiones. Nos convencemos de no invertir y tomamos decisiones financieras que no redundan en nuestro beneficio.

Si permites que el estoicismo guíe tus decisiones de inversión, serás el maestro de tus emociones y, a su vez, de tus finanzas. Cultivarás una ventaja que sembrará las semillas de una riqueza duradera en el mercado de valores.

Capítulo 3

Cómo crear una ventaja estoica en tres pasos

Todo inversor que ha tenido éxito en el mercado ha gozado de cierto tipo de prerrogativa: una *ventaja*. Disponer de una ventaja implica tener algo, ya sea información, destrezas o estrategias, que te concede cierta preeminencia sobre el resto de inversores en el mundo. Antes de proponerte una ventaja sólida y demostrada en este libro, vamos a repasar brevemente cuatro tipos de ventajas habituales de las que disfrutan los inversores de éxito.

1. **La ventaja de la información.** Al investigar exhaustivamente una empresa y la industria en la que opera, obtendrás una excelente comprensión de su posición competitiva en el mercado. Cuanta más información obtengas y utilices en relación con una determinada empresa, mejores serán tus decisiones de inversión. Y no tienes que apoyarte solo en los análisis de inversión realizados por terceros. Si estás pensando en invertir en una empresa que produce helados, puedes

hacer tus propios estudios e investigaciones respecto a sus productos. Adquirir la ventaja de la información es más difícil de lo que la mayor parte de la gente cree. Tendrás que sacar nuevas conclusiones de la información públicamente disponible, lo que puede requerir horas de análisis y precisar una comprensión a fondo de las teorías sobre la inversión. Por el lado positivo, la información suele estar disponible de forma gratuita, con lo que esta ventaja es, en teoría, factible.

2. **La ventaja cuantitativa.** A finales de la década de 1960, el entonces profesor de matemáticas Edward Thorp creó un fondo de inversión libre diferente a todos los demás. Thorp usó el análisis cuantitativo para vencer al mercado durante la práctica totalidad de los años de existencia del fondo. Los fondos que utilizan estas estrategias reciben el nombre de «cuantitativos», y recurren a matemáticas complejas para crear sistemas de *trading*. Estos fondos emplean a doctores de todos los campos con un claro objetivo: utilizar las matemáticas para obtener una ventaja en el mercado. Los conocimientos matemáticos que se requieren para crear una ventaja cuantitativa son inmensos, lo que la convierte en la ventaja menos accesible.
3. **La ventaja del tamaño.** Para el público en general, Warren Buffett es conocido como el inversor de mayor

éxito de la historia. Para las personas versadas en finanzas y quienes han estudiado su vida, es un hombre procedente del ámbito de los seguros que invirtió las primas de sus clientes. Buffett fraguó su riqueza a través de un vehículo inversor conocido como Berkshire Hathaway, una antigua empresa textil que también actúa como sociedad *holding*. Entre sus participaciones hay aseguradoras como GEICO, Gen Re, MedPro Group y otras once.[1] Warren Buffett y Berkshire tomaron decisiones increíblemente inteligentes con todas las primas que la gente pagaba a sus aseguradoras. Al disponer de acceso a un enorme capital extra, fueron capaces de comprar muchas compañías directamente con el efectivo que tenían a su disposición. Solo puedes hacer esto si eres un gran jugador financiero. El funcionamiento de la ventaja del tamaño es muy sencillo, pero es difícil tener acceso a dicha ventaja porque son pocos los individuos que pueden manejar enormes cantidades de dinero.

4. **La ventaja estoica.** La inversión personal es obra de seres humanos. Aunque decidamos utilizar una IA o un asesor financiero automatizado para desarrollar una estrategia de inversión, somos nosotros los que hacemos las llamadas. Y la toma de decisiones humana está sometida a errores en virtud de las emociones que

entran en juego. Un inversor que controla sus emociones y no cae en los errores habituales goza de una ventaja automática sobre los inversores que carecen de esa habilidad. Lo llamo la ventaja estoica, y es una virtud que poseen todos los inversores de éxito que he estudiado. A fin de cuentas, es imposible conservar la riqueza si se cometen muchos errores y se pierde dinero. A diferencia de la ventaja de la información, la cuantitativa y la del tamaño, la ventaja estoica está al alcance de cualquier inversor y es fácil de asimilar.

Estas ventajas no son mutuamente excluyentes. Un inversor como Warren Buffett cuenta con la mayoría de ellas. Disfruta de una ventaja de información porque se pasa una media de cinco horas al día leyendo todo lo que encuentra en la prensa y en informes anuales sobre las empresas en las que está interesado.[2] Gracias a estas lecturas, conoce empresas que la mayoría de la gente pasa por alto. Además, como Buffett es el mayor inversor del mundo, a veces dispone de más de cien mil millones de dólares solo en *efectivo*.[3] Pero no solo dispone de las ventajas del tamaño y la información, sino que también cuenta con la ventaja estoica más admirable en el mundo de la inversión. Hay decenas de libros dedicados a diseccionar la estrategia y conducta de inversión de Warren Buffett. El objetivo de esos volúmenes es descubrir la razón

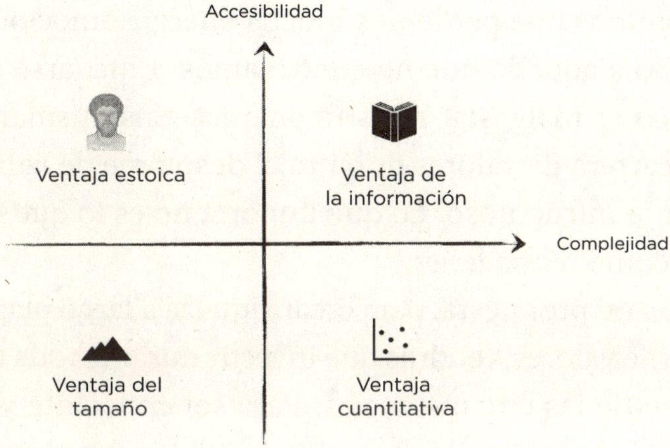

Figura 2. La ventaja estoica puntúa alto en accesibilidad y bajo en complejidad. Es la ventaja ideal para todos los inversores.

de su éxito para que el lector pueda imitar ese comportamiento. Sin embargo, a esos libros se les escapa que el inversor medio carece de todas las ventajas de las que dispone Buffett. Es difícil disfrutar de una ventaja en el mercado; menos aún de tres. Por esta razón, a menos que disponga de una ventaja, la mayor parte de la gente que lee sobre inversores de éxito no se hace rica en el mercado.

Tres pasos para crear una ventaja estoica

La ventaja del estoico es su indiferencia a todo cuanto queda fuera de su control. Si observamos situaciones cotidianas, descubriremos que perdemos mucha energía emocional respondiendo a aquello que no controlamos. Enfadarse porque hay tráfico es malgastar nuestra energía. Ensimismarnos en nuestra cartera de valores durante el desplome de la bolsa es igualmente infructuoso. Lo que importa no es lo que nos sucede; es cómo *respondemos*.

Esta es mi propuesta: para crear riqueza a largo plazo en el mercado de valores, tendrás que invertir durante toda tu vida, al margen de las circunstancias. Para ser constante y seguir invirtiendo a pesar de las emociones del temor y la avaricia, necesitas cultivar la única ventaja disponible para todos los inversores: la ventaja estoica. Cuando la poseas, tendrás la fortaleza mental para perseverar en tu estrategia de inversión, que aumentará tu riqueza con el tiempo.

No importa qué tipo de estrategia de inversión sigas en la actualidad, adoptar la ventaja estoica te reportará beneficios. Si eres un inversor en valores o en crecimiento, la ventaja estoica te ayudará a evitar vender tus acciones cuando te conviene seguir manteniéndolas. Si eres un agente impulsivo, el marco de este libro te ayudará a eliminar cualquier atisbo de duda o conflicto en tus movimientos.

¿Y si no tienes una estrategia de inversión? No estás solo. Un estudio demostró que la mitad de los estadounidenses que quieren invertir en acciones no saben cómo empezar.[4] A partir de la investigación y la experiencia de los inversores más inteligentes de la historia, hay una estrategia que se recomienda reiteradamente. Es una estrategia que proporciona buenos rendimientos y tiene un historial probado desde los años veinte del pasado siglo: la inversión pasiva en un fondo cotizado en bolsa (ETF, por sus siglas en inglés) que sigue el índice S&P 500.

Un ETF te brinda acceso a una cesta de acciones u otros valores sin tener que comprarlos individualmente. Los ETF son emitidos por empresas de inversión como BlackRock, Vanguard y Fidelity, que a continuación compran cada una de las acciones de la cesta. Los ETF se negocian en el mercado de valores y se pueden comprar a través de un corredor de bolsa. Por ejemplo, el ETF de S&P 500 de Vanguard es muy popular y se puede encontrar a través de cualquier app de compra de acciones con su símbolo bursátil (un símbolo único que te permite identificar un activo en una bolsa): VOO.

Cuando inviertes en un ETF de S&P 500, al instante estás invirtiendo en las quinientas empresas más grandes en once sectores (como el sanitario, tecnológico, inmobiliario, financiero, etcétera) de Estados Unidos. ¿Por qué Estados Unidos? Aunque vivas en otro país y seas feliz en él, sin duda querrás poner tu dinero a trabajar en la mayor economía del mundo. Esta es la razón por la que personalmente invierto en el S&P 500, y recomiendo esta estrategia a mi familia. Lo bueno de esta estrategia es que apenas requiere tiempo ejecutarla y que tiene un historial documentado de resultados satisfactorios. El rendimiento medio del 11,44 % anual del S&P 500 (desde 1980) significa que tu dinero se duplica aproximadamente cada seis años.[5] Esto no me suena nada mal, considerando que prácticamente no se necesita tiempo para invertir en el S&P 500. Sin embargo, para asegurarte de *perseverar* en esa estrategia durante toda tu vida, necesitas la ventaja estoica.

Lo que he hecho en este libro es resumir las lecciones más importantes del estoicismo, aplicarlas a la creación de riqueza y reducirlas a tres sencillos principios que el lector podrá recordar fácilmente. Si sigues este camino, adquirirás una ventaja estoica que te ayudará a ganar dinero en el mercado de valores.

Los cimientos de este libro se basan en tres pasos avalados por el estoicismo: (1) invertir en ti mismo, (2) aceptar la pérdida y (3) dejar que tus dividendos se multipliquen. Creo que este es el primer marco para crear una ventaja estoica como inversor. Cada uno de los pasos se atiene al aspecto más importante de la inversión y del estoicismo: la gestión de tus emociones. Este camino tal vez no cree millonarios de la noche a la mañana, pero te ayudará a cultivar tu riqueza.

EL CAMINO ESTOICO A LA RIQUEZA

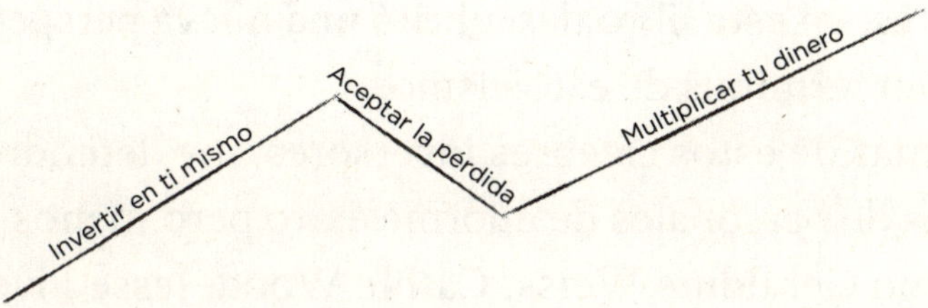

Figura 3. El camino estoico empieza invirtiendo en tus habilidades y ganando dinero. Cuando podemos distanciarnos de nuestro dinero y aceptar la idea de una pérdida potencial, podremos multiplicarlo.

CÓMO ESTE LIBRO TE AYUDA A CREAR RIQUEZA

Ahí donde las filosofías de la inversión te ayudan a obtener un mayor rendimiento de tu dinero, el estoicismo contribuye a mejorar el rendimiento de tu tiempo. El camino estoico a la riqueza hace ambas cosas. Te ayuda a crear riqueza en el mercado de valores a la vez que protege tu tiempo y tu cordura. Encontrarás una combinación de sabiduría antigua y consejos prácticos de modernos inversores de éxito. Te ofreceré una síntesis de las ideas más útiles de los filósofos e inversores más brillantes.

Cada capítulo empieza con el perfil de un inversor. A un libro sobre la creación de riqueza que no incluya las historias de inversores prolíficos como Warren Buffett, Peter Lynch, John Bogle y Stanley Druckenmiller le faltaría una gran parte de la historia financiera. Aunque el lector ya conozca a estos inversores, en este libro descubrirá una nueva perspectiva de su vida en términos de estoicismo.

Además de estos célebres inversores, me detendré en las historias de personajes de enorme éxito pero menos conocidos, como Geraldine Weiss, Cathie Wood, Jesse Livermore, Edward Thorp y Mohnish Pabrai. Weiss fue la primera mujer inversora de éxito en Wall Street, y contribuyó a abrir el camino a las mujeres en este campo. Wood cambió la forma en que consideramos a las empresas disruptivas y las pérdidas a corto plazo. Livermore fue el primer agente célebre de Wall Street que fraguó una carrera floreciente comprando y vendiendo acciones, y los jóvenes corredores siguen admirando su consejo más de cien años después. Thorp fue el primero en introducir las matemáticas en la inversión. Pabrai es el ejemplo más asombroso de un inmigrante que hizo fortuna en Estados Unidos mediante la ejecución de sólidos consejos de inversión y no por medio de la invención de la rueda.

He extraído las lecciones de las vidas de estos inversores y las he expresado según los términos de la filosofía estoica. La estructura de cada capítulo es la siguiente: primero, descubrirás el momento decisivo en la carrera de un inversor, y a continuación te mostraré cómo aplicar estas lecciones de forma estoica en tu propio viaje hacia la creación de riqueza. Cada capítulo incluye también una pequeña sección llamada «Para reflexionar». Se trata de ejercicios de pensamiento estoico diseñados para que practiques tu destreza a la hora de controlar tus emociones.

Por último, al final del libro encontrarás una sección titulada «Técnicas de inversión estoica» que responderá a preguntas del estilo «¿Cómo puedo hacerlo?». Si quieres adquirir acciones individuales, opciones, futuros, criptomonedas, etcétera, también te daré un método para operar que puedes usar en conjunción con otras estrategias de inversión a largo plazo. Aunque soy un inversor a largo plazo que invierte en el índice S&P 500, también negocio con acciones individuales y futuros. Pero elijo mis operaciones con cuidado, limito mis pérdidas y, lo más importante, me aseguro de que mis operaciones sean rentables.

A la hora de crear riqueza, no importa tanto cuánto sabes; lo importante es tu capacidad para gestionar tus emociones. Cuanto más hábil seas en el control de tus emociones, más constante serás. Cuanto más constante seas, más mejorará tu capacidad para ejecutar la estrategia de inversión, que es lo que aumentará tu riqueza. Este aspecto mental de la inversión es, de lejos, lo más relevante. Cuando acabes de leer este libro, contarás con esa ventaja estoica.

PARA REFLEXIONAR

Las cosas no tienen control sobre el alma.
Se quedan inmóviles, fuera de ella.
La perturbación solo procede del interior:
de nuestras propias percepciones.

MARCO AURELIO[6]

La dicotomía estoica del control dice que controlamos nuestros actos, pero no las consecuencias de lo que hacemos. Una persona que siempre come saludablemente y hace ejercicio puede morir de una enfermedad coronaria.

¿Qué controlamos cuando nos dedicamos a invertir? Nuestra estrategia y si la llevamos a cabo. Acostúmbrate a observar tus acciones cuando hablas de invertir. ¿Qué vas a hacer? ¿Y cómo vas a hacerlo?

Evita pensar en los resultados. ¿Cuánto ganarás realmente al invertir? ¿Cuándo vas a retirar tu dinero? Estos resultados no están bajo nuestro control, por lo que concentrarse en ellos en el presente es una pérdida de energía.

Primer principio

INVIERTE EN TI MISMO

> No asumas que es imposible porque te resulte difícil.
> Reconoce que, si es humanamente posible,
> tú también podrás hacerlo.
>
> MARCO AURELIO[1]

Capítulo 4

Las habilidades valiosas son mejores que el dinero

El primer paso para crear riqueza no es invertir en el mercado, sino invertir en ti mismo. La verdad es que desarrollar habilidades es crucial para alcanzar el éxito financiero y la estabilidad. Disponer de una destreza sólida te ayudará a aportar valor a la economía, lo que te empoderará para perseverar ante la adversidad en tu carrera. Tus habilidades se convierten en un medio fiable para ganar dinero, independientemente de las fluctuaciones del mercado. Aunque es posible perder dinero, estas destrezas las tendrás para siempre, listas para ser utilizadas para la producción de ingresos.

Del abandono escolar a ganar 100 millones de dólares

Un lugar donde es muy improbable encontrar una historia de transición de la pobreza a la riqueza es Wall Street. Muchos agentes y banqueros de inversión proceden de entornos privilegiados, se han licenciado en universidades de la Ivy

League y tienen un currículum académico notable. Pero una de las personas con mayor éxito en Wall Street, Jesse Livermore, ni siquiera acabó la secundaria. Hoy, Livermore es considerado el mejor corredor de bolsa de todos los tiempos.[1]

Nacido en 1877, Livermore creció en una granja en Acton, Massachusetts. A los catorce años de edad, su padre lo sacó de la escuela y le ordenó trabajar en la granja familiar. Pero el joven Livermore sentía pasión por la lectura y las matemáticas. Odiaba la idea de seguir los pasos de su padre; soñaba con convertirse en agente de bolsa porque durante su adolescencia siempre leía la sección financiera en el periódico.[2] Con la ayuda de su madre, huyó a Boston. En cuanto llegó a la ciudad, en 1891, se presentó en la oficina de agentes de bolsa de Paine Webber.[3] Livermore consiguió ser recibido por el director y le pidió un empleo: cualquier empleo. Tuvo suerte. La empresa buscaba un «chico para la pizarra» y Livermore fue contratado al instante. Durante los siguientes dos años y medio, trabajó en las pizarras de Paine Webber. Escribía en ellas los precios de las acciones; por entonces esta era la única forma que los inversores tenían de conocer los últimos precios.[4]

No había mejor lugar para aprender a comerciar con acciones que una gran agencia de corredores de bolsa, y Livermore aprovechó muy bien esa oportunidad. Conoció agentes experimentados, trató con clientes ricos y tuvo acceso a los últimos precios de las acciones. Durante los descansos y pausas para almorzar, los agentes experimentados lo cautivaron con sus teorías comerciales.

Al volver a casa, no podía dejar de pensar en los mercados. Llevaba un diario de los movimientos de los precios de las acciones y empezó a seguir las tendencias. Memorizaba los movimientos de una acción y, a partir de la evolución de su precio, establecía predicciones.

Para su sorpresa, descubrió que sus predicciones eran acertadas en el 70 % de las ocasiones, lo que reforzó su confianza para seguir su carrera como operador de bolsa.[5] Su estrategia de seguir las tendencias acabó por sentar las bases de un método comercial que hoy conocemos como «análisis técnico». Se basa en descifrar los patrones históricos de los datos de negociación para predecir el futuro movimiento de las acciones.

Livermore había ahorrado casi 200 dólares y quería usarlos para comprar y vender acciones. Sin embargo, en aquella época los inversores tenían que pagar grandes comisiones a los brókeres, además de los costes de las transacciones, y como los brókeres se embolsaban comisiones más altas con los clientes ricos, no estaban interesados en pequeños inversores como Livermore. En consecuencia, no pudo abrir una agencia de valores con sus 200 dólares, aunque se trataba de una suma considerable para un chico de apenas dieciséis años en pleno siglo XIX.

Sin embargo, Livermore estaba decidido a participar en el mercado de valores, así que optó por la siguiente mejor opción: los conocidos como chiringuitos financieros. Operar en un chiringuito financiero se parece a apostar en una carrera de caballos. Estos establecimientos mostraban los últimos precios de las acciones y la gente apostaba por las acciones que iban a subir o a bajar. Su dinero no se destinaba a comprar las acciones reales.

Era el único lugar en el que Livermore podía aplicar sus habilidades. Y cosechó un éxito inmediato al ganar más de 50 dólares a la semana. No dejó de ganar, lo que le dio la confianza suficiente para dejar su trabajo en Paine Webber a los diecisiete años a fin de poder dedicarse a tiempo completo al comercio bursátil.

Pero los chiringuitos financieros, como los casinos, solo ganaban dinero cuando la mayoría de sus clientes lo perdía. Y como, a diferencia de otros clientes, Livermore solía ganar, los propietarios de estos establecimientos se alarmaron. Su suerte se acabó cuando siguió acumulando beneficios en un único local, hasta llegar a la cifra de 10.000 dólares en el transcurso de muchas operaciones. El establecimiento, dirigido por una familia con vínculos con la mafia, se hartó de Livermore y le prohibieron el acceso.

Para entonces, en el resto de los chiringuitos financieros de Boston ya habían oído hablar de Livermore y de lo que era capaz, así que tampoco querían que pusiera un pie en sus establecimientos. Livermore, decidido a seguir en el mundo de la compraventa de acciones, se mudó de Boston a Nueva York.[6] Pero cuando llegó, en septiembre de 1900, con una maleta llena de dinero y la confianza en su éxito, descubrió que los chiringuitos financieros estaban siendo cerrados en aquella ciudad.

La popularidad de estos negocios amenazaba los beneficios de Wall Street, que operaba a partir de costes y comisiones. En cierto momento, el tamaño y la escala de las operaciones realizadas en los chiringuitos financieros superó a la de la Bolsa de Nueva York, lo que significaba que las empresas legítimas estaban perdiendo ganancias.[7] Como estos establecimientos también se usaban para blanquear dinero, las autoridades se fijaron en ellos y empezaron a cerrarlos.[8]

La decadencia de los chiringuitos financieros no supuso cambio alguno para Livermore, porque descubrió que el mismo sistema que le servía para comerciar en esos establecimientos también funcionaba en las oficinas de agentes de bolsa. En aquel momento, Livermore, de veintitrés años, tenía seis años de experiencia a tiempo completo en este ámbito comercial y disponía de dinero suficiente para abrir una cuenta en una de estas oficinas.

Cuando empezó a operar en Nueva York, acababa de iniciarse un nuevo mercado alcista. En un mercado alcista, los precios suben rápido, alimentados por la excitación de una gran multitud de inversores. Algunas semanas Livermore acumulaba miles de dólares en cada operación. En una de las primeras y más memorables operaciones convirtió 10.000 dólares en 50.000 en menos de una semana.[9]

Fue la primera vez que Livermore se enfrentaba a un mercado alcista, y disfrutó de sus beneficios con sus primeras vacaciones propiamente dichas, que pasó en Europa. Pero siempre fue escéptico. Había tenido una dura infancia y había crecido en una granja en la tierra implacable de Massachusetts, así que sabía que, al igual que las estaciones, los mercados alcistas también llegaban a su fin.

En 1907 empezó a vender en corto acciones de Union Pacific y Reading Railroad, entre otras grandes empresas públicas.[10] Vender acciones en corto significa que estás apostando en su contra, tomando prestadas acciones y luego vendiéndolas, con la esperanza de comprarlas de nuevo a un precio inferior y obtener la diferencia como beneficio.

Poco después de que Livermore vendiera las acciones en corto, estalló el pánico financiero de 1907, provocado por una excesiva especulación bursátil como consecuencia de una política monetaria flexible. Fue una severa crisis financiera que sacudió a Estados Unidos. A mediados de octubre, la Bolsa de Nueva York experimentó una severa caída de casi el 50 % en relación con su punto más alto el año anterior.[11]

Livermore ganó un millón de dólares durante el pánico financiero de 1907, pero su éxito no duró mucho. Menos de un año después, perdió toda su fortuna en una operación en la que apostó contra el precio del algodón.[12] Ocurrió exactamente lo contrario de lo que esperaba. Aquel año perdió su fortuna en una sola operación y se declaró en bancarrota. Volvió a sus diarios, que atesoraban las estrategias que le habían catapultado al éxito, en esta ocasión para reflexionar sobre sus errores. Tras la bancarrota, hizo un descubrimiento. Dijo: «No tengo que vencer a Wall Street. Tengo que vencerme a mí mismo, a mis emociones».[13]

Aunque creía haber mejorado como inversor, no fue la última vez que perdió dinero en los mercados. En 1915 volvió a arruinarse. Pero, aun así, no dejó de creer en su capacidad para ganar dinero con las acciones. Durante esa época en Wall Street, creó una extensa red de personas en bancos y oficinas de agentes de bolsa que también creían en su destreza para ganar dinero para ellos. A fin de cuentas, esas empresas se beneficiaban de las operaciones de Livermore.

A pesar de sus crecientes deudas, que le llevaron a las dos bancarrotas, las oficinas de agentes de bolsa no le exigieron el reembolso. Sabían que la fortuna de Livermore no se debía a la suerte. Si alguien pierde su dinero, pero lo recupera y lo multiplica —y logra algo así muchas veces—, es evidente que esa persona conoce bien el mundo financiero.

Su reputación le garantizó el acceso al capital, que es lo más importante que necesita un operador profesional. A finales de 1916, su patrimonio neto ascendía a la asombrosa cifra de 3 millones de dólares tras obtener grandes ganancias en diversas operaciones. A partir de entonces, su riqueza y su reputación en Wall Street no pararon de crecer año tras año. Esa reputación quedó esculpida en piedra cuando el mercado de valores se derrumbó en 1929 y la mayor parte de los inversores perdió su fortuna; por el contrario, Livermore salió ganando.

El 28 de octubre de 1929 se conoce como Lunes Negro. Los precios en la Bolsa de Valores de Nueva York cayeron casi un 13 % en un solo día, algo sin precedentes. Peor aún, el día siguiente fue el Martes Negro, día en el que el mercado se desplomó otro 12 %. En dos días se perdieron miles de millones de dólares y miles de inversores lo perdieron todo.[14]

Cuando Livermore volvió a casa ese día, su mujer y sus hijos corrieron hacia él con lágrimas en los ojos. Su esposa de entonces, Dorothy Livermore, se había pasado el día sentada junto a la radio, escuchando las noticias sobre inversores de altos vuelos que de repente se habían arruinado por completo. Estaba preparando a sus hijos para que pudieran asimilar el *shock* que supondría para ellos tener que abandonar su mansión, vender todas sus pertenencias y vivir en un modesto apartamento en un barrio más pobre de la ciudad.

Sin embargo, Livermore se presentó ante ellos con una sonrisa. El desplome no le había afectado. Había estado vendiendo en corto durante buena parte de 1929, y cuando el mercado se hundió aquel lunes ominoso, a él le fue bien. Se embolsó 100 millones de dólares (1.500 millones de dólares actuales) en cuestión de días. A lo largo de su carrera, y al margen de las ganancias y pérdidas, Livermore siguió comprometido con el aprendizaje y el refinamiento de sus habilidades. Cuando la oportunidad más significativa de su vida se manifestó bajo la forma de una caída del mercado de valores, él estaba bien preparado para aprovechar el momento y capitalizarlo.

Cómo aprender más rápido potenciando tus habilidades

Zenón creía que «el objetivo de la vida es vivir en armonía con la naturaleza».[15] En pocas palabras, significa que quienes se adaptan al mundo son felices y quienes no lo hacen se convierten en desdichados. Esta es, también, la clave para el éxito en una carrera. Si buscamos las respuestas en nuestro interior, prosperaremos en el mundo. Si nos preguntamos «¿Cómo puedo aportar valor a la sociedad?» y a continuación cultivamos las habilidades para hacerlo, siempre tendremos trabajo. Esta capacidad de adaptación es como una máquina de imprimir dinero.

La educación de Jesse Livermore contrasta duramente con la forma en la que Zenón creció. Y, sin embargo, tenían la misma actitud ante la vida. Los dos se *adaptaron al mundo* y no pidieron que el mundo se adaptara a ellos. ¿No es esto último una fórmula para la frustración? Si esperáramos que se nos garantizara un trabajo simplemente por tener una titulación, pronto aprenderíamos una lección de humildad. Vivimos en una economía transaccional. Creas valor y a cambio eres económicamente recompensado.

La base para crear riqueza desde la nada es adquirir habilidades para aumentar tu valor en la sociedad. Cualquier destreza que nos brinde la oportunidad de generar ingresos es valiosa. Pensemos en la escritura, la programación, la oratoria, el diseño o el liderazgo. Pensemos en el concepto de habilidades valiosas como en una realidad fluida. Saber cómo modificar un telegrama para comunicar el precio de las acciones podría haber sido una habilidad valiosa en el siglo XIX. Pero se tornó obsoleta en cuanto surgieron el teléfono y, más tarde, el fax. Si quieres adaptarte al mundo, debes aprender a aprender. Si eres capaz de adquirir cualquier habilidad, podrás adaptarte a lo que el mundo necesita. Robert Greene, el autor de *Maestría*, un libro sobre la importancia del desarrollo de las destrezas en la vida de una persona, lo explicó de forma excelente: «El futuro pertenece a quienes aprenden nuevas habilidades y las combinan de forma creativa».[16]

Los estoicos se enorgullecían de su capacidad para adaptarse. Siempre encontraban la paz interior pese a las vicisitudes de la vida. Esta actitud fluida es esencial en el mundo actual, en el que la nueva tecnología aparece y cambia más rápidamente que nunca.

Debemos entrenarnos para convertirnos en máquinas de aprender, para adaptarnos a cualquier situación. Como dijo Epicteto: «¿Qué es entonces la educación? La educación es aprender a adaptarnos».[17]

Los estoicos, y los inversores de mayor éxito, tienen un método de aprendizaje realmente único.

1. **Trabaja con tus habilidades innatas.** Toda persona tiene unas fortalezas innatas. Podrás aportar mayor valor si te concentras en aquello en lo que ya eres bueno.
2. **Aprende de los mejores.** Si decides aprender algo, aprende solo de los mejores. Al estudiar a los más grandes, tendrás más probabilidades de alcanzar cumbres más altas.
3. **Libérate de tus mentores.** En cierto momento de tu progreso, empezarás a sintetizar todo lo que has aprendido en una forma única de poner en práctica tus habilidades.
4. **Da lo mejor de ti mismo, pero no te agotes.** Debes proteger tu salud mental y descansar lo suficiente. Si te

presionas demasiado para alcanzar el éxito, corres el riesgo de quemarte.

Estos cuatro puntos te ayudarán a impulsar o reforzar tu carrera. A continuación, los describimos con más detalle.

1. Trabaja con tus habilidades innatas

Nada puede ralentizar más tu progreso en la vida que ir en contra de tu propia naturaleza. A veces, en lugar de forjar una carrera basada en nuestros talentos, fortalezas o intereses, perseguimos oportunidades por las razones equivocadas. Tal vez tus padres querían que te convirtieras en abogado y por eso fuiste a la facultad de derecho, pero lo único que has conseguido es descubrir que ese mundo no está en sintonía con tus capacidades innatas. O tal vez te han seducido las historias de veinteañeros que han fundado *startups* y han hecho fortuna en Silicon Valley, y eso te ha impulsado a crear tu propia empresa, pero te has dado cuenta de que no soportas trabajar por tu cuenta.

Como Livermore descubrió en una fase temprana de su vida, nos encontramos mejor si perseguimos aquello que nos apasiona y en lo que somos buenos. El joven Livermore recibió presiones para seguir los pasos de su padre y convertirse en granjero, pero le encantaba leer libros sobre finanzas y, además, era bueno en matemáticas.

Para alcanzar la excelencia en una habilidad, necesitamos dos cosas: pasión y capacidad innata. Debe de haber algún tipo de talento o capacidad innata que haga que desempeñar una habilidad sea relativamente fácil para ti.

Cuando intentamos adquirir una habilidad solo porque nos ofrece el potencial de ganar un salario más alto o debido a su popularidad, aunque no tengamos un talento innato al respecto, pronto descubrimos que estamos persiguiendo algo escasamente fructífero. Es importante concentrarnos en nosotros mismos y evitar perseguir oportunidades que no están en armonía con nuestros intereses y habilidades. Tuvo sentido que Livermore se embarcara en una carrera como operador de bolsa, dada su pasión, su destreza matemática y su excelente memoria, que solo mejoró cuando se hizo mayor.

Perfeccionar las habilidades en la intersección entre el interés y la habilidad también requiere cierta capacidad de autorreflexión, uno de los aspectos centrales del estoicismo. Séneca, uno de los estoicos más ricos, solía escribir sobre la necesidad de examinarnos a nosotros mismos. Cercano a los sesenta años de edad, se retiró de la vida pública y dedicó su tiempo a escribir algunas de sus obras filosóficas más notables, entre ellas las 124 cartas a su amigo Lucilio. Séneca animaba a su amigo a «indagarse a sí mismo y examinar y observarse desde diferentes ángulos».[18]

No esperes conocerte a ti mismo sin hacer un esfuerzo. Como Livermore, escribe un diario. Anota tus pensamientos en el papel. Léelos y analízalos con detenimiento. Busca pistas respecto a aquello en lo que eres bueno. A menudo es sobre todo ello sobre lo que sueles escribir más.

2. Aprende de los mejores

«El dominio de la lectura y la escritura requiere de un maestro», según el filósofo-rey Marco Aurelio,[19] quien probablemente era la persona más poderosa en Occidente, como gobernante de Roma, mientras escribía estas líneas. Sin embargo, era humilde; no se sentía superior a los demás y tenía el deseo de aprender de los mejores.

Cuando Jesse Livermore empezó a trabajar en Paine Webber, se sumergió en el mundo de las finanzas en una de las oficinas de agentes de bolsa más importantes de Estados Unidos. Aprendía algo nuevo en la práctica totalidad de las interacciones de su trabajo, incluso en la pausa para comer. Este es un aspecto infravalorado del desarrollo de habilidades. Fundé una empresa con mi padre en 2010, pero, después de tres años y medio, sentí que mi desarrollo se había estancado.

Por esa razón acepté un empleo en Gartner, una empresa de Fortune 500 líder en investigación en tecnología de la información. Quería trabajar para una de las mejores empresas del mundo y descubrir cómo se hacían las cosas en ella.

En el tiempo que pasé en Gartner, aprendí más en los bares y restaurantes, junto a mis magníficos compañeros de alto rendimiento, fuera del horario laboral, que durante el programa de formación oficial de dos meses que recibí nada más empezar. Cuanto más tiempo pases con personas que son excelentes en su trabajo, mayores serán tus oportunidades de descubrir qué es lo que las hace grandes.

Cuando te propongas aprender nuevas habilidades, comprométete a aprender solo de los mejores. No aceptes consejos de quienes no sean excelentes en lo que hacen. Livermore fue a la mejor oficina de agentes de bolsa por una razón. Quería ser el mejor. Como dijo Epicteto: «Ha llegado el momento de tomarte en serio vivir según tus ideales... Decide ser extraordinario y haz lo que tienes que hacer, ahora».[20]

3. Libérate de tus mentores

Al estudiar a los mejores individuos en cada campo, descubrirás que todo el mundo tiene su forma particular de hacer las cosas. Si estudias a los inversores de éxito, entenderás que cada uno tiene una estrategia ligeramente diferente a la hora de elegir las acciones. Estas personas se convertirán en tus mentores y maestros. Sin ellos, no podrás alcanzar tus metas.

Sin embargo, en determinado momento tendrás que abandonar el papel de alumno. Llegará la hora de tomar todo lo que has aprendido y crear tus propias ideas, estilo, estrategia, código, arte o escritura.

Cuando Jesse Livermore dejó su trabajo en Paine Webber, le embargaba la confianza en su capacidad para elegir bien las acciones. Aprendió cuanto pudo de sus mentores, clientes y compañeros de trabajo, y lo utilizó para crear su propio método para operar con acciones.

Epicteto también habló de la importancia de liberarse de los mentores: «Aún no eres Sócrates, pero puedes vivir como si quisieras ser él».[21] Aunque aún no hayas alcanzado la cima en tu campo, compórtate siempre como alguien que tiene el deseo de ser singular.

También he experimentado este camino como escritor. El consejo de imitar a tus autores favoritos a la hora de empezar a escribir es muy habitual. El célebre periodista, escritor y profesor William Zinsser escribió un artículo titulado «Looking for a Model», en el que dijo: «La escritura se aprende por imitación; todos necesitamos modelos».[22] Cuando empecé, mis modelos eran Hemingway, Palahniuk y el propio Zinsser. Imitar a mis escritores favoritos me ayudó a empezar. Descubrirás que muchos escritores comienzan así. Sin embargo, mucha gente no entiende que Zinsser dijera que es importante buscar un modelo *cuando se empieza*. Esto es lo que este autor señaló en su superventas de 1976, *On Writing Well*, que aún se considera una lectura esencial para los autores. Como escritor, al final tendrás que desarrollar tu propio estilo único, porque ¿a quién le importa leer al enésimo aspirante a Hemingway?

En determinado momento ya has aprendido suficiente. Deja de seguir a otros. Empieza a hacer las cosas a tu manera.

4. Da lo mejor de ti mismo, pero no te agotes

Para alcanzar la grandeza, tendrás que aprender y practicar constantemente, lo que implica mucha energía. Aunque resulta tentador seguir adelante sin que nada importe, es importante admitir cuándo se alcanza el propio límite. Es imposible seguir siendo estoico sin cuidar nuestra energía personal. Cuando estamos agotados y quemados, esto se reflejará en todos los ámbitos de nuestra vida, tanto en el trabajo como en casa y en nuestras decisiones de inversión.

Para obrar bien, debemos entender cuándo nos conviene dar un paso atrás. Conocer los propios límites era una máxima que Jesse Livermore, tristemente, no seguía. Entre 1900 y 1934, se declaró en bancarrota tres veces, y cada una de esas

Figura 4. Considera tu energía personal como un indicador de velocidad. Puedes entrar en la «zona roja» si así lo deseas. Pero presionarte con dureza puede ser contraproducente a largo plazo, ya que puede sumirte en el agotamiento. Para ser constante y dar lo mejor de ti mismo, descansa lo suficiente y dedica tiempo a recuperarte mentalmente.

veces llegó a la quiebra de la misma forma: se arriesgó demasiado e intentó ganar mucho dinero. Corrió solo para hacer un *home run*. Estaba obsesionado con las operaciones bursátiles e incluso interrumpía repentinamente sus vacaciones para volver al trabajo.

Como podía apoyarse en sus habilidades y en su experiencia, ganó millones después de cada bancarrota, con la excepción de la última, en 1934. Livermore estaba cansado de los altibajos. Se sentía como un extraño en Wall Street, que estaba más regulado que antes de la Gran Depresión. Sus inversiones dejaron de tener éxito, y eso le impulsó a escribir libros sobre inversión. Sin embargo, después de muchos años de escritura y tras la publicación de dos volúmenes, empezó a hundirse en una depresión de la que nunca salió. Se quitó la vida trágicamente en 1940, a los sesenta y tres años.

La depresión es una cuestión seria que requiere ayuda profesional de especialistas en salud mental; debemos estar atentos y ser comprensivos con quienes padecen una enfermedad mental. Una forma de mejorar nuestra salud mental es evitar el agotamiento. Esto no es tarea fácil, ya que muchos tendemos a presionarnos demasiado para tener éxito en nuestras carreras. Queremos que todo suceda muy rápido.

La filosofía estoica nos recuerda que hemos de liberarnos de esa presión, dar un paso atrás y concentrarnos en aquello que podemos controlar. En lo que respecta a nuestra carrera, podemos controlar nuestro rendimiento y lo que ofrecemos al mundo. No controlamos la recompensa económica que obtendremos. Por esta razón, la base de la creación de riqueza empieza con el desarrollo de nuestras habilidades. Es una realidad sobre la que tenemos el cien por cien del control.

PARA REFLEXIONAR

Solo quienes han recibido educación son libres.

EPICTETO[23]

¿Qué piensas tú de la educación? La mayor parte de la gente cree que la educación pertenece a la primera etapa de la vida; una vez que hemos acabado la escuela, se acabó la educación.

Sin embargo, ¿alguna vez acaba nuestro proceso educativo? Mirémoslo así. Mientras sigas educándote a ti mismo, serás libre.

Cuando los estoicos hablaban de libertad, no se referían solo a la libertad financiera. En un sentido estoico, la libertad equivale a liberarse de la ignorancia. Significa libertad para vivir tu vida de forma pacífica. No apegarte a ideas y creencias. No dejarte arrastrar por acontecimientos externos. Y disfrutar de la serenidad en todo momento.

Podemos obtener todo eso agudizando constantemente nuestra mente.

EN RESUMEN

- Concéntrate en tus habilidades en el inicio del viaje hacia la creación de riqueza. Cuando sepas cómo adquirirlas, serás capaz de adaptarte a la vida y a la economía. Si dispones de habilidades valiosas, no estarás mucho tiempo sin empleo.
- Vive de acuerdo a las leyes de la naturaleza humana. Vivir bien es vivir en armonía con los acontecimientos de la vida. Esto implica intentar adaptarse y no resistirse al cambio de las cosas.

- Utiliza el método potenciador de habilidades para aprender más deprisa. Céntrate en aquellas habilidades innatas y aspira a la excelencia. Aprende de los mejores. Desarrolla una forma propia de hacer las cosas. Y esfuérzate al máximo cada día.
- Protege tu salud mental. Juega a largo plazo asegurándote de ser productivo y constante. Progresarás más si te esfuerzas a largo plazo en lugar de extenuarte durante un breve periodo de tiempo y recuperarte después.

Capítulo 5

Los principios ocultos del mercado

A todo el mundo le entusiasma la idea de hallar atajos que los conduzcan hacia la riqueza. En internet encontramos consejos y estrategias para hacerse rico rápidamente. Pero ninguno de los inversores destacados que conocerás en este libro tomaron atajos. Todos empezaron su carrera profesional desde lo más bajo del escalafón y fueron subiendo. Aprendieron los fundamentos de la inversión antes de empezar a hacer crecer su riqueza. Después de leer este capítulo, tendrás una comprensión sólida de los factores que impulsan el mercado de valores, un conocimiento de la industria de la inversión y de cómo invertir con inteligencia. Este conocimiento elimina toda incertidumbre y misterio en el mundo de la inversión. Sabrás lo que estás haciendo.

Aprenderlo todo sobre el negocio de la inversión

En la primavera de 1950, Warren Buffett, por entonces con diecinueve años, tuvo la idea de enviar una solicitud a la Harvard Business School.[1] Estaba acabando el instituto superior en su hogar, en la Universidad de Nebraska, y quería proseguir su educación en Harvard.

Sentía que necesitaba el prestigio y la red de una universidad de la Ivy League, pero, cuando se presentó a la entrevista, enseguida supo que eso no iba a suceder: «Físicamente parecía que tenía dieciséis años y, emocionalmente, nueve. Pasé diez minutos con el exalumno de Harvard encargado de mi entrevista; evaluó mis capacidades y me rechazó».[2]

Pero la negativa de Harvard cambió su carrera para mejor, ya que Buffett fue aceptado en Columbia, donde conoció a su mentor, Benjamin Graham, que coescribió el libro seminal *Security Analysis* con su colega David Dodd. Antes de la década de 1930, la inversión a largo plazo no existía en Wall Street. De hecho, desde la creación del mercado de valores en el siglo XVIII hasta finales de los años veinte, las acciones estaban fundamentalmente destinadas a los especuladores.[3]

Los operadores compraban acciones no para generar riqueza a largo plazo, sino para el beneficio a corto plazo. Esa estrategia de comprar y vender se extendió (y se volvió más arriesgada) durante los locos años veinte.[4] En aquella época, era casi imposible perder dinero con las acciones. La gente las compraba a un precio elevado y las vendía a otro aún mayor.[5]

Una de las primeras personas en proponer las acciones como un medio para la inversión a largo plazo fue Edgar

Lawrence Smith, autor del libro *Common Stocks as Long Term Investments*, publicado en 1924. En su libro, Smith desafió la idea convencional de que las acciones eran tan solo un instrumento para la especulación. Fue el primero en aplicar el análisis estadístico al rendimiento de la inversión de acciones. Smith descubrió que las acciones superaron a los bonos en las dos primeras décadas del siglo XX. Al examinar el pasado reciente, entendió que durante cualquier periodo de quince años tan solo había un 1 % de probabilidades de sufrir pérdidas si el inversor disponía de una amplia cartera de acciones (similar a un índice como el Promedio Industrial Dow Jones).[6] Estos datos siguen vigentes a día de hoy.

Graham y Dodd se basaron en este conjunto de trabajos que consideraba las acciones bajo un ángulo diferente. De hecho, *Security Analysis* se convirtió en el libro más importante para la inversión en los años treinta y en buena parte del siglo XX. Warren Buffett devoró este libro, así como la siguiente obra de Graham, *El inversor inteligente*, publicada en 1949. Ambos libros derribaron las convenciones de Wall Street. Buffett ansiaba trabajar con Graham, el hombre que había producido una revolución en Wall Street y creado un enfoque sistemático y a largo plazo para la inversión.

Cuando Buffett empezó su licenciatura en Economía en Columbia en 1949, quiso garantizarse un empleo en el fondo de Graham, Graham Newman Corp. Era un estudiante de sobresaliente y forjó una relación con Graham. Incluso se ofreció a trabajar gratis para él. Sin embargo, este se negó porque la empresa solo contrataba judíos. En aquella época, los bancos de inversión eran antisemitas, y Graham-Newman quiso marcar la diferencia. Por lo tanto, Buffett regresó a Nebraska para trabajar como corredor de bolsa en la empresa de su padre, Buffet-Falk & Co.

No le gustó su primer empleo en Buffett-Falk, donde tuvo que vender acciones a los clientes. A Buffett le gustaba comprar acciones para él mismo, pero no soportaba convencer a otros de que lo hicieran. Lo odiaba especialmente cuando sus recomendaciones hacían perder dinero a sus clientes.

Hoy podemos comprar fondos de inversión o fondos indexados, que son, fundamentalmente, cestas de acciones. En aquel entonces, los inversores tenían que elegir acciones individuales. Los populares fondos indexados de la actualidad no existían. Si querías invertir, tenías que acudir a tu corredor de bolsa y pedirle que te guiara a la hora de comprar y ejecutar la compra.

Aunque Buffett no era un recién llegado al mundo de la inversión, sí lo era en el negocio de la inversión. Descubrió que había una diferencia entre la habilidad de invertir y la *inversión entendida como negocio*.

El negocio de la inversión implica toda una industria basada en generar ingresos a partir de acciones y otros valores. Por ejemplo, cuando Buffett era corredor de bolsa, le pagaban en función del volumen de operaciones y no del rendimiento. Tanto si sus clientes ganaban como si perdían, Buffett cobraba. Esto no le gustaba.

Buffett hizo su primera inversión, de 114 dólares, en 1941, con once años de edad.[7] Diez años más tarde, su cartera personal de acciones tenía un valor de 19.738 dólares y, sin embargo, no podía hacer ventas en el trabajo. «Tenía veintiún años. Y me encontraba con toda esa gente para venderles acciones, y al terminar ellos me preguntaban: "¿Qué piensa tu padre?". Me pasaba constantemente», recordaba.[8]

Cuando descubrió que algunos de sus clientes escuchaban sus consejos, pero usaban sus ideas para comprar acciones a través de otros operadores, se sintió engañado. Estaba aprendiendo lentamente los principios del negocio de la inversión, y no le gustaba nada. Quería gestionar el dinero de la gente y que lo dejaran solo.

Como cualquier persona que no se siente realizada en su carrera, Buffett empezó a buscar en otra parte. Quería alejarse del trabajo que había empezado a odiar. Si pudiera disfrutar de más seguridad financiera, podría hacer lo que más le gustaba a tiempo completo: invertir en acciones. Por capricho, decidió comprar una estación de gasolina local con uno de sus amigos, con la esperanza de ganar algo de dinero extra. Buffett ahora era dueño de un pequeño negocio. Pero no resultó como él esperaba.

«Mi estación de servicio fue una mala inversión; perdí 2.000 dólares, y eso era mucho dinero en aquella época. Nunca antes una pérdida me había producido daños económicos importantes. Fue doloroso».[9] Acabó perdiendo el 20 % de su patrimonio neto. La estación jamás fue rentable, fundamentalmente porque al lado había una estación Texaco que atraía a más clientes.

Desde que Buffett regresara a Omaha, nada salió como esperaba. Tenía muy poca experiencia y era incapaz de encontrar su camino. Pero se aseguró de mantener el contacto con su mentor, Ben Graham. Había aprendido que prefería comprar acciones con el dinero de otras personas en lugar de ser un corredor de bolsa que vive de las comisiones. Pero, como no tenía oportunidad de convertirse en un inversor profesional en Omaha, siguió sugiriendo ideas de compra de acciones a Graham. Su estrategia era seguir siendo útil a su mentor. De hecho, los consejos de acciones de Buffett tuvieron éxito.

Dos años después, Graham le escribió y le dijo: «Vuelve». La persistencia de Buffett había dado fruto. Graham-Newman era una empresa pequeña con solo ocho empleados, incluyendo a los dos socios. Cuando Buffett se unió a ellos, su escritorio estaba en una habitación sin ventanas, en la que se dedicó a investigar cuidadosamente a las empresas. Estudió los datos financieros, el precio de las acciones y los equipos directivos, y a veces, si era posible, iba a las compañías personalmente para conocerlas mejor. Se aseguraba de investigar más que cualquier otro.

Otros inversores profesionales se limitaban a sentarse en su despacho y leer los informes redactados por los analistas bursátiles. Estos analistas son responsables de investigar y evaluar los datos financieros, las tendencias del mercado y el rendimiento empresarial para ofrecer previsiones y recomendaciones de inversión.

Pero a Buffett no le gustaba depender de los sesgos y opiniones de los demás. Iba directo a las fuentes para obtener sus datos, tanto de la propia empresa como de la Comisión de Valores y Bolsa. Buffett recuerda lo siguiente: «Yo era el único que visitaba aquellos lugares. Ni siquiera me preguntaban si era un cliente. Conseguía expedientes que se remontaban a cuarenta o cincuenta años atrás. No había fotocopiadoras, por lo que me sentaba y garabateaba todas aquellas notas diminutas, este dato y aquel otro».[10]

La estrategia de Graham consistía en encontrar empresas que fueran «colillas de cigarrillo», con acciones baratas y desdeñadas, cuyos activos fueran más valiosos que el precio de la empresa en el mercado público. Tal como lo entendía Graham, podías comprar empresas con un descuento, al que daba el nombre de «margen de beneficio». Aunque la estrategia de Buffett ha cambiado desde entonces, sigue anclado en el concepto del margen de seguridad. Cuando pagas un activo por debajo de su valor, es difícil perder dinero.

Durante dos años, Buffett aprendió los principios de una inversión sólida en un trabajo que, finalmente, le gustaba. Y en la oficina mantenía los oídos abiertos para entender cómo funciona el negocio de la inversión. Descubrió que podía convertir pequeñas sumas de dinero en grandes cantidades con sus habilidades y conocimiento, y que no necesitaba vender acciones a desconocidos para conseguirlo.

Pero la relación profesional entre Buffett y Graham no estaba destinada a durar mucho. Buffett estaba en el inicio de su carrera y Graham tenía sesenta y dos años y estaba listo para retirarse. En 1956, decidió cerrar el fondo y mudarse a Los Ángeles para enseñar en la UCLA.

En aquel momento, Buffett había incrementado su capital personal hasta alcanzar los 140.000 dólares a través de sus inversiones. Cuando Graham-Newman cerró, Buffett volvió a regresar a casa. Esta vez estaba decidido a quedarse y a crear su propio fondo, inspirado en la sociedad de su mentor. Buffett no solo tenía experiencia, conocimientos y rendimientos de inversión positivos, sino que también se había creado una reputación como inversor sólido.

Cuando Graham-Newman cerró el fondo, sus inversores preguntaron a Ben Graham quién debería gestionar su dinero, y este respondió: «Warren Buffett».

LOS TRES PRINCIPIOS SUBYACENTES DEL MERCADO DE VALORES

Un mercado de valores es, sencillamente, un lugar en el que se encuentran los compradores y vendedores de acciones. Aunque los mercados tradicionales han existido durante unos cinco mil años (el primer registro de mercados y bazares se remonta al 3000 a. C.), los mercados de valores realmente iniciaron su andadura a principios del siglo XVII.[11] En 1602, la Compañía Holandesa de las Indias Orientales emitió acciones susceptibles de ser públicamente comercializadas en la Bolsa de Ámsterdam. En teoría, cualquier persona podía ser copropietaria de una empresa al comprar un certificado de acciones. En la práctica, la compra de acciones solo estaba al alcance de los muy ricos.

En cierto sentido, esa tendencia siguió viva hasta el siglo XX. Aunque era más fácil que un individuo comprara acciones en los años cincuenta que en los veinte, cada compra incluía altos costes de transacción, especialmente si se adquirían acciones con pequeñas sumas. Por ejemplo, las transacciones entre 100 y 400 dólares tenían una comisión de 3 dólares más el 2 % del valor adquirido (con un mínimo de 6 dólares).[12] El coste de esa acción de 100 dólares es, en realidad, de 106. Por lo tanto, si comprabas acciones a ese precio, en ese momento estabas renunciando al 6 % de tus beneficios.

Por otra parte, no había una verdadera lógica subyacente a los mercados de valores en la segunda mitad del siglo XX. La gente se limitaba a comprar acciones que subían y bajaban. ¿Quién sabía cuál era el verdadero valor de una acción? Todo eso cambió con la invención de las finanzas modernas. Gente como Edgar Lawrence Smith, Benjamin Graham y Warren Buffett introdujo la idea de la inversión sistemática. Con los años, el mercado de valores superó la fase de mercado y se convirtió en un sistema. He identificado tres principios subyacentes en los que se basa este sistema. Podemos imaginar estos principios como las reglas de un juego. A lo largo de siglos operando en los mercados de valores en todo el mundo, la comunidad inversora ha establecido estos principios como verdades consolidadas.

Comprender los principios subyacentes del mercado de valores nos permite abordar la inversión con una actitud racional, serena e informada. Este conocimiento ayuda a evitar que reacciones emocionales, como el miedo y la ansiedad, influyan en nuestras decisiones de inversión. Mientras otros se dejan arrastrar por los opinadores y asumen que el mercado es un misterio, tú dispondrás de una sólida comprensión de los mecanismos fundamentales que dirigen el mercado. Como resultado, podrás afrontar sus fluctuaciones con confianza y tomar decisiones informadas a partir de los siguientes principios.

LOS TRES PRINCIPIOS SUBYACENTES DEL MERCADO DE VALORES

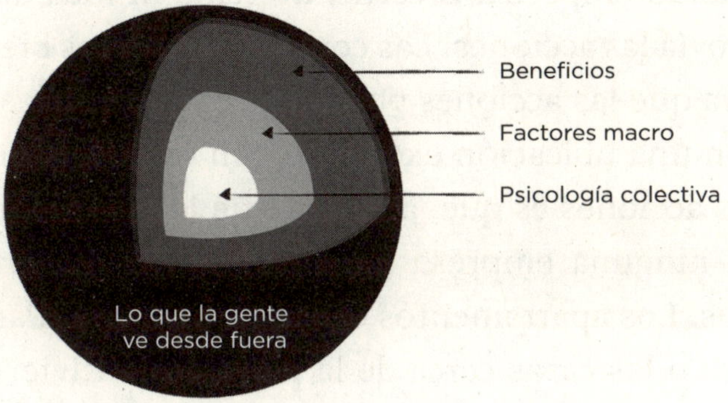

Figura 5. Desde el exterior, el mercado de valores parece misterioso. Los mercados parecen comportarse irracionalmente. Sin embargo, al observar bajo la superficie, descubrimos que hay principios que dirigen el mercado. Al conocer estos principios, el mercado de valores deja de parecer un misterio.

1. Beneficios

El tópico más habitual en las inversiones en bienes raíces es «Ubicación, ubicación, ubicación». Aunque pueda sonar banal, no deja de ser cierto. Una propiedad decente en una gran ubicación es mejor que una buena propiedad en una mala ubicación. Y como no podemos crear más territorio, las ubicaciones óptimas siempre tendrán mucha demanda. En el mercado de valores hay un dicho similar: «Beneficios, beneficios, beneficios». Los *beneficios* se refieren a las ganancias de una empresa en un trimestre o año fiscal.

Cuando empecé a invertir, no tenía ni idea de qué es lo que movía las acciones. Las comparaba con los bienes raíces. Asumía que las acciones populares eran como las propiedades con una ubicación excelente. Sin embargo, el problema con las acciones es que, a lo largo de la historia de los mercados, ninguna empresa ha sido popular durante muchas décadas. Los apartamentos cercanos a Central Park en Nueva York o las casas cerca de la playa en la Riviera Francesa eran populares hace cien años y siguen siéndolo en la actualidad. Podemos asumir que dentro de un siglo estas propiedades sin duda seguirán gozando de una demanda idéntica a la actual.

No podemos decir lo mismo de las acciones. En los años veinte del pasado siglo, los inversores asumían que empresas como General Electric (que se hizo pública en 1896) siempre tendrían demanda.[13] Después de todo, ¿quién podía imaginar un futuro en el que no fuera una de las mayores empresas del mundo? Se decía lo mismo de las siderúrgicas en la década de 1950. Ninguna empresa permanece en la cima para siempre. Esto se explica porque los beneficios condicionan las acciones. Cuando una empresa crece y gana más, el precio de sus acciones sube. Una empresa ni siquiera necesita reportar ganancias para que sus acciones suban. Si los inversores descubren la *promesa* de un beneficio futuro, estarán dispuestos a comprar acciones hoy en anticipación de un futuro incremento de los beneficios.

La industria de la inversión profesional en su conjunto se basa en el concepto de beneficio. Los inversores institucionales, como los fondos de inversión, los fondos de cobertura, los fondos de pensiones o las compañías de seguros, utilizan modelos de inversión que fundamentalmente apuntan a los beneficios. Como ocurre en cualquier industria, estas son las tendencias. Cuando Wall Street identifica unas acciones con un elevado potencial de crecimiento, todos los profesionales empiezan a comprarlas, lo que provoca el aumento de su precio. Cuando unas determinadas acciones llaman la atención, los analistas (que emiten recomendaciones de compra, conservación y venta) se unen a la fiesta. En cuanto una acción atrae el interés de los compradores y de los profesionales de Wall Street, los medios se involucran. Se empieza a oír hablar de los excepcionales beneficios de ciertas acciones en CNBC, *The Wall Street Journal* y en las redes sociales. Es entonces cuando el público comienza a interesarse por ellas. Con todo, lo que el público no sabe es que el relato del crecimiento indefinido no es cierto para la mayoría de las empresas. Esta situación puede durar dos años. Y durante todo ese tiempo, los profesionales aprovechan la subida de las acciones. Lo saben todo de las empresas en las que invierten, y reconocen como nadie que los beneficios son lo único que importa.

A la primera pista de una ralentización en la maximización de los beneficios, Wall Street puede abandonar unas acciones en cuestión de días. Así es como bajan estas participaciones de altos vuelos. Los beneficios de una empresa de éxito crecen un 30% más, y los inversores se suben al tren con la expectativa de un crecimiento inusual a lo largo de los años, pero, en cuanto surge una señal de un crecimiento *normal* (hasta el 10%), las acciones caen. Si la empresa no recupera un crecimiento de dos dígitos, las acciones no volverán a subir.

Esta es una de las razones por las que el índice S&P 500 ha seguido subiendo durante las últimas décadas: incluye solo las quinientas empresas estadounidenses públicas con los beneficios más sólidos y consistentes. Las empresas que forman parte de esta lista son seleccionadas por un comité de acuerdo a criterios rigurosos. Si cree que una empresa ya no merece formar parte de S&P 500, la eliminará y la sustituirá por otra con un mejor rendimiento. Los inversores son despiadados con aquellas compañías cuyo crecimiento se ha detenido. Cuando los beneficios de una empresa decaen, las acciones pueden desplomarse hasta valer casi cero.

2. Factores macro

Aunque la dirección última de las acciones está determinada por su crecimiento, el ritmo de este crecimiento depende de factores macro. Los factores más importantes son, sin un orden en particular, las recesiones, la geopolítica, las guerras, los desastres naturales, los tipos de interés y los problemas sistémicos del sistema financiero (como la crisis de 2008). Estos elementos hacen que Wall Street siga funcionando. Los inversores profesionales crean relatos sobre lo que hará el mercado de valores, y esos relatos se basan, en gran medida, en factores macro. Estos son algunos de los relatos más populares que oirás en los medios de comunicación.

«Llega una recesión. ¡Huye!». Siempre hay quien advierte de una recesión inminente. Parecen insinuar que el próximo desplome será peor que el de 1929. Un relato común nos dice que el crecimiento global es más lento, que los gobiernos se han endeudado en exceso y que el dólar de Estados Unidos está perdiendo fuerza.

«¡La Reserva Federal va a subir los tipos de interés!». El objetivo de la Reserva Federal es mantener una economía saneada en Estados Unidos. Asume esta labor determinando la tasa de interés de los fondos federales, que condiciona el tipo de interés al que los bancos pueden prestar dinero.

Y esto, a su vez, influye en los tipos del mercado, como los de tu hipoteca, el préstamo del automóvil o tu tarjeta de crédito. Dado que la economía es dinámica, la Reserva Federal necesita disminuir e incrementar el tipo de interés cuando sea necesario. Si la economía está sobrecalentada, la Reserva Federal sube los tipos. Si la economía está estancada, los baja.

«¡Los acontecimientos geopolíticos harán descarrilar la economía mundial!». Cada año ocurre algún tipo de amenaza para el mundo libre. Sin embargo, el mercado de valores ha seguido subiendo a pesar de las guerras, las pandemias, los conflictos comerciales, los desastres naturales, las diferentes administraciones presidenciales, etcétera.

El ciclo mediático se alimenta de la exageración y de la previsión de catástrofes, lo que influye en las fluctuaciones a corto plazo, pero no detiene el crecimiento de la bolsa a largo plazo. Como inversor estoico, entenderás cómo funcionan este tipo de relatos y no reaccionarás a ellos.

3. Psicología colectiva

Los inversores son muy sensibles a la psicología y al estado de ánimo de otros participantes en el mercado. En tiempos de bonanza, los inversores son codiciosos. Aspiran a que los precios sigan subiendo, asumen que no existen límites y olvidan la historia de las finanzas. Es la naturaleza humana. A nadie le gusta pensar en el invierno durante el verano. Y en el invierno parece que el verano no llegará nunca.

Aunque el mercado de valores se comporta racionalmente a largo plazo y es impulsado por el principio subyacente de los beneficios, a corto plazo su conducta tiende a ser profundamente irracional, y se deja arrastrar por la psicología colectiva de los inversores.

El inversor Howard Marks, que lleva escribiendo célebres informes desde 1990, compara la conducta del mercado de valores a corto y medio plazo, impulsada por la psicología colectiva, con el movimiento de un péndulo.

En su libro *Cómo dominar el ciclo de las inversiones*, Marks escribe: «En los ciclos empresariales, financieros y de mercado, la mayoría de los excesos al alza —y las inevitables reacciones a la baja, que también tienden a sobrepasarse— son el resultado de oscilaciones exageradas del péndulo de la psicología».[14] Los mercados rara vez están en equilibrio. Nunca hay un momento en el que todos los inversores tengan una visión mesurada. Los mercados operan en los extremos del miedo y la codicia.

El hecho de que estas oscilaciones en los precios a menudo se orienten en dirección contraria a la expectativa de la gente es lo que dificulta la inversión. Por ejemplo, una acción

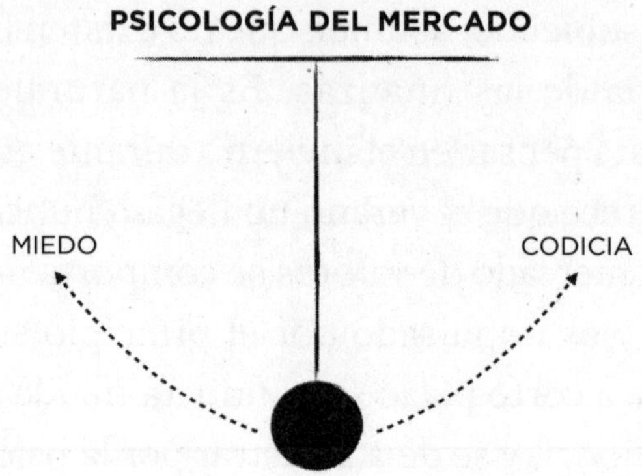

Figura 6. El péndulo de la psicología de los mercados. Representa las oscilaciones entre el miedo y la codicia de los participantes. El péndulo siempre está en movimiento y nunca se detiene a medio camino.

podría aumentar de precio antes del día en que se publiquen los últimos resultados financieros de la empresa. El precio sube en anticipación de las noticias. Cuando se publican los resultados reales, el precio de las acciones podría bajar, incluso si el balance es excelente. ¿Por qué? Wall Street opera con dos indicadores a corto plazo: la anticipación y las noticias inesperadas.

Cuando los profesionales esperan que algo suceda, actúan como si esa realidad ya hubiera sucedido. Cuando el acontecimiento tiene lugar, venden las acciones y se centran en la siguiente operación. Así es como se crean muchas fluctuaciones a corto plazo. El otro factor que influye en los precios de las acciones a corto plazo son las noticias inesperadas. Imaginemos que la comunidad inversora espera que la Reserva Federal suba los tipos de interés en un 0,25 %, y de pronto la subida es del 0,75 %. Lo más probable es que haya una caída drástica. Cada vez que el mercado sufre una sorpresa, observamos grandes reacciones: subidas o bajadas. La dirección depende del miedo y la codicia. ¿Se espera que suceda algo que inspira temor? Bajará. ¿Anticipamos algo que incentiva nuestra codicia? Subirá.

La mayoría de los inversores son incapaces de entender la psicología del mercado de valores y sus fluctuaciones. Asumen un comportamiento gregario. Venden cuando todos venden y compran cuando todos compran. Esto deriva en una estrategia de «comprar alto y vender bajo», una forma segura de destruir tu riqueza.

Ignora los relatos, concéntrate en los principios

Ninguna industria tiene tantos mentirosos y charlatanes como las finanzas. Estos falsos profetas abusan de la falta de conocimientos del inversor medio. Mucha gente empieza a invertir en acciones sin un buen conocimiento de cómo funciona el mercado de valores. Esto no es una sorpresa. El conocimiento de los principios subyacentes de la industria no es importante en la mayoría de los campos. Alguien puede ser un gran médico sin conocer cómo funciona el negocio de la atención sanitaria. Como escritor, no sé mucho de la historia de la industria editorial. No podemos decir lo mismo en relación con la inversión en el mercado de valores. Invertir en buenas empresas no siempre produce buenos resultados, porque hay otros muchos factores que determinan tu éxito. Puedes descubrir una gran empresa pública; tasar su valor; comprar cada una de las acciones a un precio inferior a lo que valen, y asustarte y querer vender al primer indicio de caída.

Por esta razón, los inversores habituales y los operadores profesionales siempre tienen que respetar los principios ocultos del mercado de valores: los beneficios importan a largo plazo; los factores macro determinan las oscilaciones, y la psicología colectiva fluctúa entre el miedo y la codicia.

Los estoicos aplicaban estos principios a la vida en general: siempre trabajaban con las reglas, patrones y principios que ya existían en la sociedad. Su objetivo no era cambiar la vida, sino su propia conducta, a fin de proteger su estabilidad interior. No importa el tipo de obstáculo al que se enfrentaran, siempre buscaban la solución dentro de sí. Se preguntaban: «¿Qué puedo cambiar en mi conducta o actitud para resolver un problema?». Como Marco Aurelio dijo una vez: «Cuando te veas sacudido, inevitablemente, por las circunstancias, vuelve de inmediato a ti mismo y no pierdas el ritmo más de lo necesario. Tendrás una mejor comprensión de la armonía si sigues regresando a ella».[15]

Warren Buffett es un maestro de esta actitud. Es célebre por su estilo de vida monacal. Vive cerca de su oficina, pasa varias horas al día leyendo y pensando sobre inversiones, tiene pocos empleados y se apoya fundamentalmente en su conocimiento del mercado de valores. En consecuencia, es capaz de ignorar el alboroto a corto plazo y, por lo tanto, el pánico. Cuando el mercado de valores se derrumbó en la crisis financiera de 2008, Buffett mantuvo una actitud estoica en muchas de las entrevistas que concedió. Incluso escribió un artículo de opinión en *The New York Times* titulado «Buy American. I Am».[16] En él escribió: «Una sencilla regla dicta mis compras: ten miedo cuando los demás muestren avidez, y sé ávido cuando los demás tengan miedo». Su mensaje a todos los inversores era seguir invirtiendo y conservar la calma.

No importa qué problemas afrontes como inversor, la solución no es dar un paso atrás. Refúgiate en los principios fundamentales. Toma tus decisiones desde la comprensión de las reglas que nunca cambian, y no seas presa de las emociones.

PARA REFLEXIONAR

Haz progresos y, ante todo, esfuérzate por ser coherente contigo mismo. Y cuando quieras saber si has logrado algo, considera si deseas las mismas cosas hoy que ayer. Un cambio en la voluntad indica que la mente va a la deriva, dirigiéndose en varias direcciones, según el curso del viento. Pero aquello que está asentado y sólido no se desvía de su lugar.

SÉNECA[17]

Piensa en un momento en el que aspirabas a un objetivo sobre el que no habías investigado. Tal vez intentabas aprender a nadar viendo vídeos de YouTube. Tal vez intentabas montar una empresa sin hacer cursos de formación o leer libros sobre iniciativa empresarial.

Cuando empiezas así, no sabes qué va a pasar, y eso destruye tus posibilidades de éxito. Y lo peor es que, si no sabes lo que estás haciendo, es fácil ser engañado por personas con malas intenciones.

Cada vez que te dispongas a emprender una tarea, trata de conocer cuáles son los principios más importantes que gobiernan esa actividad. Inicia tu esfuerzo con conocimiento. Investiga tanto como puedas. Si sabes adónde vas, las probabilidades de llegar a tu destino serán más altas.

EN RESUMEN

- Desde fuera, la inversión financiera parece algo complejo y misterioso, pero el mercado de valores no es una entidad irracional. Tan solo parece irracional a corto plazo y para aquellos que no tienen información sobre ella.
- El mercado de valores se construye sobre tres principios fundacionales. Los beneficios, los factores macro y la psicología colectiva determinan la acción del mercado de valores. A corto plazo, es inestable; a largo plazo, demuestra ser muy coherente.
- Ten siempre en mente los principios de la inversión. Es fácil dejarse atrapar en el ciclo de las noticias diarias del mercado de valores. En consecuencia, olvidamos lo que realmente condiciona las acciones. Si tenemos en mente los principios del mercado de valores, no nos asustarán los cambios repentinos en los precios y nos mantendremos imperturbables.

Capítulo 6

La constancia compensa: invertir es un hábito

La inversión no es una práctica ocasional. Es una forma de vida. Si te concibes a ti mismo como inversor, tu objetivo es aumentar tu patrimonio neto. No importa cuánto crece tu riqueza cada día; lo que importa es que cada día actúas en un sentido que estimula el crecimiento. Si tienes la constancia de invertir en ti mismo, observarás beneficios en cada área de tu vida. En primer lugar, tu carrera y tu vida personal mejorarán. A continuación, aumentará tu riqueza.

La Primera Dama de Wall Street

El 1 de abril de 1966, un misterioso inversor conocido como G. Weiss lanzó un boletín informativo bajo el nombre de *Investment Quality Trends*. El boletín, que aún existe en la actualidad, ofrecía estrategias y conocimientos de inversión para la comunidad profesional en este campo. Más de una década después de su creación, en 1977, el boletín llamó la atención de Louis Rukeyser, un inversor célebre.[1] Le sorprendió el hecho de que los suscriptores de *Investment Quality Trends* lograban excelentes beneficios.

Rukeyser era el anfitrión del programa de televisión *Wall $treet Week with Louis Rukeyser* y una gran personalidad de la inversión. Salir en *Wall $treet Week* era muy importante para los inversores. En aquella época, las únicas fuentes fiables para la comunidad financiera eran *The Wall Street Journal*, *Barron's* y ese programa. *Wall $treet Week* llevaba a individuos y empresas que lograban beneficios impresionantes en el mercado. Pero G. Weiss destacaba incluso entre los inversores más notables. Cuando Weiss apareció en *Wall $treet Week*, los espectadores descubrieron que G. Weiss era el seudónimo utilizado por Geraldine Weiss, una inversora de cincuenta y cinco años y madre de cuatro hijos.[2] G. Weiss fue la primera inversora famosa en Estados Unidos y llegó a ser conocida como la Primera Dama de Wall Street.

Weiss decidió usar un seudónimo en los años sesenta, un periodo en el que las mujeres eran tratadas con una flagrante misoginia.[3] Los bancos podían negarse a emitir tarjetas de crédito a las mujeres si sus maridos no añadían su firma, el embarazo a menudo acababa en despido laboral e incluso la mayoría de las universidades de la Ivy League solo aceptaban hombres. (Yale y Princeton no aceptaron a mujeres hasta 1969, y Harvard solo empezó a admitirlas en 1977).[4] Pero para Weiss esto no era tan malo como lo fueron sus primeros años.

Nació en 1926, en el seno de una familia judía que vivía en San Francisco, y los años de su adolescencia fueron una etapa de miedo ante la constante amenaza de la guerra y del antisemitismo. A medida que crecía, el antisemitismo empeoró hasta el estallido de la Segunda Guerra Mundial en 1939, cuando era manifiestamente peligroso ser judío. Su padre sufrió tanta discriminación que, cuando ella estaba en secundaria, decidió cambiar su apellido, *Schmulowitz*, por el de *Small*.

Weiss recuerda haber solicitado plaza en una escuela con el nombre de Schmulowitz sin éxito.[5] Al año siguiente, cuando su padre ya había cambiado su apellido por el de Small, volvió a intentarlo y la consiguió. Fue una dura lección sobre las percepciones que nunca olvidó.

Weiss decidió estudiar empresariales y finanzas en la Universidad de California, Berkeley. En su tiempo libre iba a la biblioteca pública y devoraba libros sobre inversión. Había encontrado su vocación en la vida.

«Después de todas mis lecturas —dijo Weiss más tarde—, fueron Benjamin Graham y sus libros *Security Analysis* y *El inversor inteligente* los que realmente me influyeron más que ninguna otra cosa. Descubrí que lo que a largo plazo determina en mayor medida el precio son los valores».[6] Se graduó en 1945 y, durante sus años universitarios, conoció a su futuro marido. Sin embargo, en lugar de empezar de inmediato una carrera, eligió concentrarse en crear una familia con su esposo, un joven oficial de la marina.

Aunque le encantaba la idea de trabajar en las finanzas y ganarse la vida por sí misma, sintió la presión social de tener que convertirse en ama de casa. Como dijo Weiss, «el objetivo para las mujeres [de la época] era casarse».[7]

Al fin, en 1962, a la edad de treinta y seis años, se sintió lista para empezar una carrera en el mundo de las finanzas. Pero tuvo dificultades. Más tarde recordó que había consultado a su marido para utilizar parte de su dinero para comprar acciones y que tuvo dudas porque en aquel entonces las mujeres no tenían mucha libertad económica. Otra cosa que la frenaba era el misterio de las finanzas.

Weiss no tenía experiencia en inversión, pero de algún modo tenía que empezar a adquirirla. Observar Wall Street desde fuera es una cosa; entender lo que pasa en las bambalinas es otra. Era una profesión dominada por hombres blancos que pretendían mantener su mundo cerrado a los desconocidos. ¿Qué sabía una madre de mediana edad sobre inversiones, sobre todo en un momento en que la mayoría ni siquiera pensaba que las mujeres pudieran manejar ningún tipo de finanza?

«Vivíamos al día —explicó Weiss—. Tenía miedo porque no quería perder el dinero de la familia».[8] Pero su marido la apoyó. Cuando sucedió la crisis de los misiles de Cuba y se desplomó el mercado de valores, Weiss vio su oportunidad. A su alrededor, los inversores entraban en pánico y sacaban su dinero del mercado, y entonces ella aprovechó para mover ficha. Cuando acabó la crisis, el mercado se recuperó, y Weiss obtuvo buenos beneficios en poco tiempo.

«No hay mejor momento para comprar acciones que cuando una empresa sólida, por cualquier razón, cae en desgracia de forma temporal en la comunidad de inversores —reflexionó Weiss más tarde—.[9] Cuando las buenas empresas sufren reveses, esto debe entenderse como una oportunidad de compra en lugar de como un rescate».

Pese al crecimiento de su cartera personal de acciones, Weiss luchó durante cuatro años para conseguir un trabajo como inversora profesional. Se postuló en las oficinas de agentes de bolsa y otras empresas de Wall Street, pero se reían de ella o le ofrecían un puesto de secretaria, que ella rechazaba.

Tras años de constantes negativas, Weiss entendió que jamás lograría entrar en el mundo de la inversión siguiendo el camino tradicional. Se negó a «empezar» como secretaria en una empresa comercial, porque sabía que sus opiniones y puntos de vista sobre la inversión no serían respetados.

En 1966, con cuarenta años, cofundó *Investment Quality Trends*. La inversión pasiva a través de fondos cotizados y de fondos indexados no existía en aquel entonces. Si querías invertir en acciones, tenías que comprar los valores de empresas individuales, lo que hacía difícil crear riqueza a largo plazo. ¿Cómo saber qué acciones comprar?

Como no existía internet, muchos inversores decidían qué acciones comprar o vender a partir de consejos de amigos, familiares o publicaciones como *The Wall Street Journal* y *Barron's*. En los años sesenta, los boletines informativos enviados a los domicilios llegaron a ser populares porque los inversores siempre estaban buscando consejos sobre las acciones.

Investment Quality Trends respondió a esa necesidad. Weiss se convirtió en la primera mujer que inició un exitoso servicio de asesoría de inversión en Estados Unidos. Al tratarse de un mundo aún dominado por los hombres, en un principio colaboró con su bróker para poner en marcha el boletín informativo. Cuando enviaron los primeros boletines, Weiss firmó la mitad de las copias y su cofundador, Fred Whitmore, la otra mitad. Los boletines eran idénticos. Pero los que llevaban la firma de Fred Whitmore recibieron muchas más respuestas de los suscriptores que los firmados por Geraldine Weiss. En la edición del cuadragésimo aniversario de *IQ Trends*, publicada en 2006, Weiss escribió: «Nunca olvidaré una de las primeras respuestas que recibí. Decía así: "No puedo imaginarme aceptando consejos de inversión de una mujer. A menos que usted esté siendo aconsejada por un hombre”. (Esa carta estuvo colgada en la pared de mi oficina durante muchos años)».[10]

Esto demostró que incluso el inversor consumado tenía prejuicios a la hora de recibir consejos de inversión de una mujer. En ese momento Weiss recordó una antigua lección de la escuela secundaria: la percepción es importante. Realizó un cambio sutil pero significativo. «Geraldine Weiss» se convirtió en «G. Weiss». Y las respuestas empezaron a llegar.

Al cabo de un año, Weiss compró la participación de Whitmore y empezó a gestionar el boletín en solitario. Siguió estudiando los mercados y ofreciendo inteligentes consejos de inversión, que fueron muy bien aceptados por sus suscriptores. *Investment Quality Trends* ha producido beneficios anuales positivos *durante décadas*. Entre 1986 y 2022, sus recomendaciones produjeron un rendimiento anual del 11,8 %.[11] Un suscriptor que hubiera invertido 1.000 dólares en 1986 y hubiera seguido sus recomendaciones hasta 2022, habría obtenido un total de 55.450,43 dólares.

Tras la primera década de rendimientos positivos, cuando el misterioso G. Weiss se reveló en *Wall $treet Week*, muchos de sus suscriptores se quedaron estupefactos. Ignoraban que tan valiosos consejos procedían de una mujer. Pero, después de los beneficios positivos durante un periodo tan dilatado, a muchos de los suscriptores del boletín no les importó el género de la persona que los ayudaba a ganar dinero. Los resultados hablaban por sí mismos.

Crea un hábito de inversión simplificando

Creamos hábitos cuando llevamos a cabo una acción de forma reiterada. Epicteto dijo: «Todo hábito y facultad se mantiene y aumenta por medio de las acciones correspondientes: el hábito del paseo, paseando; el hábito de correr, corriendo... Así pues, en líneas generales, si quieres convertir algo en un hábito, hazlo».[12]

Imaginemos que quieres adquirir el hábito de caminar diariamente. Eso quiere decir salir a andar cada día, al margen del clima o de lo ocupado que estés. Si llueve, podrás caminar en una cinta, si tienes una, o ir al gimnasio. Así es como creamos hábitos, haciendo una misma acción con constancia. Pero la mayoría de los inversores carecen del hábito de la inversión. Solo quieren hacerlo cuando las condiciones son perfectas. Resulta que, cada pocos años, las condiciones parecen perfectas para invertir: el precio de las acciones sube, los tipos de interés son bajos y no hay una recesión en el horizonte.

Querer invertir durante estas condiciones perfectas es lo mismo que decir: «Solo saldré a caminar cuando haga veintiocho grados, el cielo esté despejado y no sople el viento». En este caso, si vives en la costa este, probablemente saldrás a pasear una vez al año.

El problema es que la mayoría de los inversores no son constantes. Pueden tener una gran estrategia y comprar las mejores acciones del mundo, pero, si solo lo hacen una vez, no cosecharán un rendimiento significativo. Esta es la razón por la que crear un hábito de inversión te ayudará a generar más riqueza.

¿Cuál es la mejor forma de crear un hábito? Simplificando la acción de modo que sea imposible no llevarla a cabo. Busquemos inspiración en Musonio Rufo. De todos los filósofos estoicos, era el más estricto respecto a sus hábitos. Esto es notable porque el padre de Musonio, Capitón, era un rico équite romano (del latín *eques*, 'caballero', un título honorífico). En el sistema de clases de la antigua Roma, los miembros de la orden ecuestre estaban justo por debajo de los senadores, que constituían el rango más alto por debajo del emperador.

Sin embargo, en lugar de seguir una carrera en el mundo de la política (que era una forma de ganar mucha riqueza y poder en la antigua Roma), Musonio pasó la mayor parte de su vida enseñando filosofía.

Subrayaba la importancia de la repetición, que es lo más importante a la hora de crear hábitos. Escribió: «¿Hasta qué punto conocer la teoría de algo es mejor que practicar esa teoría y actuar de acuerdo con su guía? Aunque comprender la teoría que sostiene la acción nos permite hablar, es la práctica la que nos permite actuar».[13]

Esto también es aplicable a la creación de riqueza. La teoría es importante, pero es el acto, o más bien el hábito de la acción, lo que garantiza la creación de riqueza. He identificado dos leyes estoicas para la constancia que te ayudarán a crear un hábito de inversión.

Primera ley: Empieza por abajo

Cuando Geraldine Weiss empezó a invertir, no hizo una gira para recaudar fondos. No pidió dinero a todos sus conocidos. Empezó con una pequeña suma del dinero familiar. La mayor parte de la gente asume que solo te puedes hacer rico invirtiendo grandes cantidades de dinero. «Hacer dinero cuesta dinero», dice la sabiduría popular. Pero la gente lo interpreta como «Cuesta mucho dinero hacer dinero». Eso no es cierto. La inversión consiste en convertir un poco de dinero en una gran suma. La inversión no es un objetivo, una actividad o una tarea; es un hábito. Es algo que practicamos con regularidad, del mismo modo que hacemos ejercicio, meditamos, leemos o cualquier otra actividad que se toma su tiempo para producir resultados.

Si estás empezando, puedes tener la sensación de invertir añadiendo 50 dólares al mes a un fondo indexado de S&P 500. La mayoría de los corredores de bolsa permiten sumar una cantidad en dólares en lugar de comprar una sola acción (lo cual depende del precio cotizado en cualquier momento dado). Incluso si ganas mucho dinero y vives de manera frugal, es inteligente empezar con pequeñas sumas para acostumbrarte a las fluctuaciones del mercado de valores.

Si eres un inversor u operador experimentado, puedes comenzar de nuevo con pequeñas cantidades después de tomarte un tiempo de descanso o si no has tenido un buen rendimiento. Cuando retomes tu actividad inversora, hazlo con sumas no muy grandes. Haz operaciones que no sean demasiado ambiciosas y consigue algunas ganancias menores.

Este es el mismo enfoque que Epicteto proponía a sus nuevos estudiantes. No les recomendaba que trataran de vivir como un estoico desde el primer día, sino que «empezaran con pequeñas cosas». Ofreció un ejemplo de cómo podemos practicar el concepto de la indiferencia estoica: «Imaginemos que te gusta mucho una de tus copas de cerámica, sin embargo, no te afecta si se rompe porque sabes que los materiales de cerámica acaban rompiéndose en algún momento. A continuación, prueba a ver cómo te sientes si se rompe algo que consideres un poco más valioso. Por último, aplica esta manera de ver las cosas en tu día a día».[14]

Cuando empecé a practicar el estoicismo, asumí este método, lo apliqué a cosas nimias y gradualmente lo fui extendiendo a aspectos más generales de mi vida. Cuando algo me molestaba, me recordaba a mí mismo: «¿Y qué? Es solo [escribe aquí lo que quieras]».

Por ejemplo, cuando mi camiseta favorita se manchó, me dije: «Solo es una camiseta». Cuando la nueva mesa de comedor se rayó dos semanas después de comprarla, dije: «Solo es una mesa». Cuando recibí un golpe en el parachoques, me recordé a mí mismo: «Es solo un coche». Y cuando me hice una herida en el pie, pensé: «Es solo mi pie».

Incluso en acontecimientos más significativos, como cuando enfermé en un viaje a Barcelona, dije: «Es solo un viaje». Por último, cuando el S&P 500 cayó un 15 % en el cuarto trimestre de 2018 debido al temor a un endurecimiento de la política monetaria, una ralentización de la economía y una intensificación de la guerra comercial entre Estados Unidos y China, me recordé a mí mismo: «Es solo una caída a corto plazo».

Nunca podría haber afirmado lo último (y habérmelo creído) sin haber empezado con lo primero. Crear un hábito o acostumbrarnos a tener una nueva perspectiva es algo que lleva tiempo, así que para conseguirlo lo mejor es comenzar haciendo cosas pequeñas. Una de las razones por las que dejé de invertir en 2008 tuvo que ver con que no empecé desde abajo.

El año anterior, utilicé casi todos mis ahorros para comprar acciones. No importa la convicción que tengas en una estrategia de inversión (incluso la que yo propongo en este libro), si te lanzas de cabeza a ella desde el principio, vas directo al fracaso. El mejor planteamiento consiste en empezar invirtiendo pequeñas sumas, ver cómo respondes cuando tu cartera sube y baja, y entrenarte en la paciencia. Continúa enriqueciendo tu cartera, lentamente pero con constancia, y sigue con tu vida.

Segunda ley: Automatízalo

Cuando automatizas algunas cosas en tu vida, te garantizas que ciertas acciones se llevarán a cabo. Cuando Geraldine Weiss decidió lanzar *Investment Quality Trends*, se comprometió a publicarlo dos veces al mes. El boletín se sigue publicando con la misma periodicidad. Es el tipo de decisión que elimina otras mil decisiones. Al comprometerse a publicar dos boletines al mes, eliminó el juicio humano de la ecuación. Sucediera lo que sucediera en el mercado o en su vida personal, Weiss siguió publicando nuevos números de *Investment Quality Trends*.

¿Cuántos proyectos has iniciado con pasión y has abandonado al cabo de poco tiempo? La inconstancia suele conducir al fracaso. Es fácil ser inconstante. Tenemos responsabilidades, empleos, personas a las que cuidar y otras muchas obligaciones. Siempre hay algo que se interpone en el camino hacia nuestros objetivos. Por lo tanto, elimina cualquier opción, salvo la constancia. Cuando empecé a publicar mi boletín informativo semanal en 2015, me comprometí a ofrecer dos ediciones a la semana siempre que pudiera. Mantuve ese ritmo durante casi tres años. En aquel tiempo, el boletín pasó de cero suscriptores a más de cincuenta mil. Desde entonces he cambiado a veces el día en que publico el boletín, pero siempre cumplo mi compromiso de hacerlo cada semana. Al comprometerme abiertamente a un calendario de publicaciones, no tengo que plantearme siquiera si me pongo a escribir o no. No importa lo cansado u ocupado que esté, el boletín ha de publicarse.

Si quieres invertir en el mercado de valores, es muy posible que tus propias emociones y juicios se conviertan en tus peores enemigos. Cuando el mercado está en alza y los tipos de interés son bajos, es probable que asumas más riesgos de los que puedes abarcar. Si las cosas van mal, tenderás a evitar todo riesgo. Automatizar tus finanzas elimina tus emociones de la ecuación. Esto puede ser tan sencillo como establecer reglas que deberás cumplir, como, por ejemplo, esta:

- Invertiré 500 dólares al mes en mi fondo indexado S&P 500. (Puedes disponer que ese dinero vaya automáticamente a tu plan de ahorro para la jubilación, ya sea el que has contratado en tu banco o el patrocinado por tu empresa).

- No voy a comprar ropa nueva, herramientas o cualquier otro objeto deseable durante seis meses.

La clave es mantener siempre estas reglas, no solo en las épocas de bonanza. Cuando decides invertir cierta cantidad cada mes, evita modificarla cuando el mercado sube o baja. Puedes hacer cambios a partir de tus propias circunstancias; si ganas más, invierte más. Pero evita hacer modificaciones en función del comportamiento del mercado. Evalúa tu propia situación y decide cuánto dinero puedes invertir. Mi lema es «Invierte cada mes una cantidad que *no te haga falta*». Evita una cifra que te impida cubrir tus gastos. Ofrezco los detalles de cuánto y cómo invertir en «Técnicas de inversión estoica».

La mayor parte de la gente asume que automatizar las propias finanzas significa utilizar aplicaciones para gestionar el presupuesto, midiendo cada céntimo que entra y sale, y estando pendiente del dinero cada día. Pero esto no es un planteamiento estoico. La idea que subyace al estoicismo es hacerlo todo por una razón: optimizar para la tranquilidad y la felicidad en la vida.

Musonio lo expresó mejor: «Porque no hay otra razón para ser bueno que ser feliz y vivir una vida de bendiciones después».[15] Del mismo modo, no hay más razón para ahorrar e

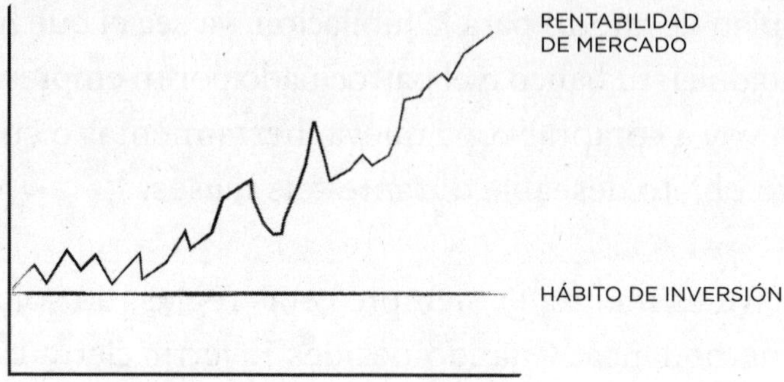

Figura 7. Un hábito es constante; el mercado no lo es. Si te concentras en lo que puedes controlar (tu conducta), te aseguras de seguir invirtiendo a pesar de lo que ocurra en el mercado.

invertir que ser libres y felices. En cuanto eres consciente de que tu conducta financiera personal se interpone en el camino hacia la verdadera felicidad, es hora de repensar esa actividad. Queremos automatizar el ahorro y la inversión. Solo las cosas simples pueden ser automáticas.

PARA REFLEXIONAR

> No es importante si abandonas la filosofía o la interrumpes, ya que no persiste cuando se interrumpe, sino que, como las cosas que estallan después de inflarse, regresa al punto de partida, porque ha perdido su continuidad.
>
> SÉNECA[16]

Si abandonas la inversión, será difícil que vuelvas a ella. Como explica Séneca, sin constancia, volveremos a nuestras viejas rutinas.

Por esta razón debes priorizar la constancia por encima de todo lo demás. Cuando empieces a invertir, piensa en cómo prepararte para el éxito a largo plazo. Como estoico, tu primera pregunta no debe ser «¿Cómo puedo generar el rendimiento más alto?».

Debería ser «¿Cómo garantizar la constancia en mis inversiones?». Lograrás más riqueza si inviertes pequeñas cantidades sistemáticamente que si inviertes grandes sumas de forma ocasional.

EN RESUMEN

- Invertir es un hábito, no una actividad o tarea esporádica. Empieza a concebir la inversión como cualquier otro hábito en tu vida. Si conviertes la inversión en una actividad recurrente, tu riqueza comenzará a crecer sin esfuerzo.
- Como ocurre con cualquier hábito, la constancia es clave. Decide convertirte en un inversor constante y elige una estrategia que puedas mantener en el tiempo.
- Empieza invirtiendo pequeñas sumas. En esta actividad, la estrategia más sostenible consiste en comenzar con

cantidades ínfimas. Incluso si has ahorrado una gran suma de dinero, sigue con inversiones discretas hasta que te acostumbres a las subidas y bajadas del mercado.

- Elige una cantidad que puedas invertir cada mes. Como inversor estoico, concéntrate en lo más importante que puedes controlar: tu forma de invertir. Ya que no controlas el comportamiento del mercado, es una pérdida de energía prestarle atención.

Segundo principio

ACEPTA LA PÉRDIDA

Si quieres mejorar, tienes que estar dispuesto a ser considerado ignorante y estúpido respecto a las cosas exteriores.

EPICTETO[1]

Capítulo 7

No te inquietes por las pérdidas a corto plazo

Es normal sentir temor a perder. Como la idea de perder dinero es tan dolorosa, la mayor parte de la gente ni siquiera se anima a invertir. Sin embargo, tanto los estoicos como los inversores de éxito perciben la pérdida de un modo diferente: la consideran un aspecto temporal e inevitable de cualquier proceso. Al adoptar esta actitud y sentirte cómodo con la pérdida ocasional a corto plazo, te garantizarás el éxito a largo plazo gracias a tu compromiso con tu estrategia de inversión. Este cambio en la perspectiva del dinero y la vida reforzará tu confianza en el futuro a medida que reconozcas que ciertas pérdidas son meramente transitorias y forman parte de tu viaje hacia la multiplicación de tu riqueza.

Apostar por un futuro próspero

Nacida en 1955, de padres irlandeses que emigraron a Estados Unidos, Cathie Wood creció en un entorno que la obligó, tanto a ella como a su familia, a reconstruir su vida desde cero. «Tenía mucho miedo cuando iba a la universidad —recordaba Wood—.[1] Yo era la mayor y tenía que hacerme cargo de la familia. Llegué a la universidad con cierto temor». Este tipo de ansiedad es habitual en los inmigrantes de primera generación, y la incertidumbre de los años setenta no hacía sino empeorar esta situación.

Era una época con una elevada inflación y un alto nivel de desempleo. La familia de Wood tenía dificultades económicas. Durante la etapa universitaria, ella trabajó en restaurantes y supermercados para pagarse la matrícula. Wood pensaba que estudiaría geología, astronomía, ingeniería, pero su padre la animó a optar por la economía y, finalmente, decidió hacerlo porque le proporcionaría los conocimientos necesarios para mejorar su situación financiera.

Cuando estudiaba en la Universidad del Sur de California, el interés de Wood por la economía fue estimulado por su profesor Art Laffer, que la asesoró y la animó a seguir clases de posgrado. En 1977, mientras Wood cursaba el último año, Laffer la ayudó a conseguir unas prácticas en Capital Group, una empresa reputada por su capacidad de investigación y su visión a largo plazo. Mientras estaba trabajando en el primer proyecto que le encargaron —pensar cómo sería Hong Kong dentro de veinte años—, Wood tuvo un momento eureka. Cambió su perspectiva del mundo. «Concentrarme en un horizonte temporal a largo plazo fue una de las cosas que más me sedujeron. Me dije: "Perfecto, esto es lo que quiero hacer"».[2]

Wood pasó de becaria a economista ayudante en Capital Group, trabajando a tiempo completo mientras estudiaba en la Universidad del Sur de California. En 1981, se graduó *cum laude* en Economía y Finanzas.

A continuación, pasó a trabajar con Jennison Associates como gestora de activos en Nueva York. A lo largo de dieciocho años que estuvo en esta compañía, llegó a ser economista jefa y directora ejecutiva. Tras dos décadas de ascenso en el escalafón de la empresa, decidió crear su propio fondo. En 1998, ella y Lulu Wang, con quien había trabajado en Jennison Associates, cofundaron el fondo de inversión libre Tupelo Capital. Esto ocurrió durante el momento álgido de las punto com a finales de los noventa, un periodo en el que las acciones de las empresas de internet crecían exponencialmente. A medida que el público se familiarizaba con la World Wide Web, los inversores se entusiasmaban con las acciones de internet y esto acabó produciendo una burbuja en el mercado y el subsiguiente desplome en el año 2000.

La caída afectó a casi todos los inversores de crecimiento y a los gestores de fondos, incluidos Tupelo Capital. Tupelo disponía de 1.300 millones de dólares en activos totales bajo gestión en el primer trimestre de 2000, según los archivos de la Comisión de Bolsa y Valores.[3] Los activos totales bajo gestión de Tupelo cayeron hasta los 200 millones de dólares.[4] Eso representó una pérdida del 85 %. Ese mismo año, Wood decidió abandonar su propio fondo y unirse a AllianceBernstein, una empresa de gestión global de activos.

Wood gestionó varios tipos de fondos, pero lo que más la apasionaba eran las empresas de tecnología innovadora y disruptiva. No obstante, descubrió sus limitaciones a la hora de invertir en proyectos con una verdadera dimensión a largo plazo. Los grandes gestores de activos como AllianceBernstein tienen dos objetivos. Actúan como fiduciarios de sus clientes, lo que significa que tienen una obligación ética y legal de actuar en el mejor beneficio de sus clientes. Pero, al mismo tiempo, los gestores de activos son organizaciones con ánimo de lucro cuyo propósito es aumentar sus rendimientos. Esta dinámica suele crear un sesgo a corto plazo que no encajaba con la filosofía de Wood.

En 2012 se le ocurrió la idea de invertir en empresas tecnológicas disruptivas a través de fondos cotizados en bolsa ampliamente disponibles para el público. Invertir en tecnología disruptiva no suele producir beneficios a corto plazo (de uno a dos años). Wood propuso invertir en empresas que tenían el potencial de ofrecer beneficios positivos en un marco temporal de cinco años. Presentó su idea a los ejecutivos de AllianceBernstein, pero, como era de esperar, la rechazaron.[5]

Dos años más tarde, Wood decidió aplicar por sí misma la estrategia que había propuesto. En 2014, creó su propia empresa de gestión de inversiones, ARK Invest, y se centró en invertir en compañías de campos innovadores como la inteligencia artificial, la edición genética, la robótica y las criptomonedas. Muchos inversores tradicionales evitan las *startups* y las nuevas industrias debido a su mayor probabilidad de fracaso. Según un análisis del Nasdaq, muy conocido por su cotización en tecnología, el 80 % de las empresas que salen al mercado nunca llegan a ser rentables.[6]

Cuando Wood fundó ARK, publicaba sus movimientos cada día en su página web y a través de un envío masivo de correos electrónicos a sus suscriptores.[7] Esta transparencia contrastaba con lo que hacen los grandes fondos de inversión libre, que solo están obligados a publicar sus activos al final del trimestre, a través de la Comisión de Valores y Bolsa. Con esta estrategia, Wood busca el mismo objetivo de muchas de las empresas en las que invierte: mejorar la transparencia de las industrias tradicionales.

Los fondos de inversión libre evitan la transparencia porque no quieren que sus competidores anticipen sus movimientos o «apuesten en corto» sobre sus selecciones de acciones. Esto es algo que muchos otros inversores también hacen. Temen que su estrategia de inversión deje de funcionar si otros se suman a ella. Sin embargo, ARK asume el enfoque opuesto: cuanto más sepan las personas sobre algo, mejor.

Como Wood esperaba, su estrategia no funcionó de inmediato. En 2016, dos años después de fundar ARK Invest, Wood informó de rendimientos anuales negativos en su fondo principal (el Innovation ETF, con clave de cotización ARKK).[8] El fondo cayó un 2 % ese año. En comparación, el S&P 500 subió un 12 % en 2016. La diferencia en el rendimiento fue de 14 puntos porcentuales, un amplio margen.

Las cosas estaban tan mal que Wood se acercó a varias empresas para atraer más capital, porque parecía que nadie quería confiarle su dinero. Incluso firmó un acuerdo que implementaba la opción de que su distribuidor comprara acciones de control, lo que colocaba la propiedad de Wood en una situación peligrosa.[9] Si la empresa distribuidora elegía comprarla, ella corría el riesgo de una OPA hostil sobre la compañía que había construido. Pero asumió ese riesgo para obtener el capital que necesitaba. A finales de 2016, Wood había invertido más de 5 millones de dólares de su propio dinero en el fondo para mantener el negocio en marcha.[10] A pesar de un rendimiento inferior a lo esperado del fondo ARK hasta ese momento, ella creía que estaba en el camino correcto.

Al año siguiente, en 2017, el fondo principal de ARK creció más del 87 %.[11] El fondo tuvo unos beneficios del 3,5 % en 2018, pero recuperó su impulso al año siguiente y acabó 2019 con un rendimiento del 35 %.

Sin embargo, el gran salto de Cathie Wood tuvo lugar en 2020, cuando logró un beneficio récord del 152 %. En comparación, el S&P 500 publicó una «escasa» ganancia del 18 % en el mismo año. Wood superó ampliamente al mercado, y acabó recibiendo elogios generalizados por parte de los medios de comunicación. El fondo había crecido de unos pocos millones de dólares en 2016 a 3.600 millones en 2020. Alentado por una mayor presencia en los medios, ARK siguió creciendo en tamaño y en popularidad. A principios de 2021, poseía 50.000 millones en activos bajo gestión.[12] A pesar del mercado a la baja en 2022, cuando cayó más del 20 %, Wood no tuvo que llamar a puertas ajenas en busca de dinero; al contrario, eran los inversores los que la buscaban.

Cuando las empresas tecnológicas experimentaron una tendencia a la baja en 2022, los críticos de Wood empezaron a predecir el declive de su fondo. Pero, aunque su fondo principal cayó un 67 % ese año, ella mantuvo su estrategia.[13] En un tuit de diciembre de 2022 comunicó a sus seguidores que ARK estaba «sacrificando el beneficio a corto plazo por un crecimiento exponencial y muy rentable a largo plazo».[14] Desde su época como becaria universitaria, Wood siempre ha tenido una perspectiva inversora a largo plazo. Las grandes oscilaciones del mercado no han influido en su estrategia.

Tres pasos para mejorar a la hora de afrontar la pérdida financiera

A lo largo de su carrera, Cathie Wood ha demostrado pasión por las empresas innovadoras. Su gran apuesta por Tesla es un ejemplo de ello. En 2018, el precio de las acciones de Tesla había caído mucho y la compañía estaba a solo un mes de la bancarrota.[15]

Tesla se cotizaba en torno a 22 dólares por acción.[16] Pero Wood declaró audazmente que estas acciones subirían hasta los 260 dólares en cinco años.[17] Predijo un aumento masivo del 1.200 % en el potencial de crecimiento. Un año más tarde, las acciones de Tesla bajaron un 41 %, lo que hizo que muchos dudaran de su predicción.[18] Pero en enero de 2021, dos años antes de la predicción de Wood, las acciones de Tesla alcanzaron los 408 dólares, un aumento del 1.900 %.[19]

Cada vez que los fondos o las acciones favoritas de Wood bajan, los medios señalan la caída de ARK y cuestionan su tesis de inversión. Pero ella ha aprendido a no permitir que la pérdida a corto plazo —o las dudas del público— influyan en su estrategia a largo plazo.

Cuando la mayoría de nosotros sufre una pérdida en el mercado de valores, tendemos naturalmente a proceder con cautela («No quiero que eso vuelva a suceder») y nos comportamos como un niño que toca el fuego por primera vez y aprende a ser precavido para evitar el dolor. Pero tenemos que superar nuestra tendencia natural a la evasión si queremos crear riqueza a largo plazo.

No es necesario que realices movimientos tan extremos como los de Wood, pero tienes que acostumbrarte a los altibajos. Cada año, el mercado suele experimentar múltiples «desaceleraciones» o «correcciones», que se definen como una pérdida de entre el 5 y el 10 % y de entre el 10 y el 20 %, respectivamente. Como estoico, debes sentirte cómodo con este tipo de pérdidas. Es natural. Y debemos aprender a aceptar lo natural. No pensamos que estas fluctuaciones naturales sean buenas o malas; simplemente, las consideramos como lo que son: pérdidas a corto plazo.

Lo peor que podemos hacer es permitir que las pérdidas del pasado influyan en nuestra toma de decisiones. Es bueno proteger tu dinero y evitar errores que pueden evitarse. Sin embargo, no te conviene que el temor a las pérdidas te haga desistir. Esto es especialmente cierto a la hora de invertir en el S&P 500, que nunca ha obtenido malos resultados a largo plazo. Tus pérdidas solo serán permanentes si vendes demasiado pronto.

Para superar la incomodidad de las pérdidas a corto plazo, es esencial cultivar la capacidad de aceptar los reveses temporales. Tan solo requiere autoconciencia y crear señales mentales que te ayuden a ser estoico cuando sobrevenga el impulso de hacer algo irracional. Los siguientes tres pasos te ayudarán a reforzar tu resiliencia y aceptar más fácilmente las pérdidas.

1. Que nunca te vean nervioso

En las *Meditaciones,* Marco Aurelio habla de las lecciones que aprendió de las personas que más admiró en la vida. Una de ellas era su padre adoptivo, Antonino Pío, en gran medida conocido como uno de los «cinco emperadores buenos» del Imperio romano durante el siglo II d. C. Durante su reinado de veintitrés años, jamás desplegó al ejército y protegió la paz.

De su padre adoptivo Marco Aurelio escribió lo siguiente: «Nunca se mostró rudo, ni perdió el control de sí mismo ni se mostró violento. Nadie lo vio nervioso. Todo lo abordaba lógicamente y con la debida consideración, de una forma serena y ordenada, pero con decisión, sin dejar cabos sueltos».[20] Esta es una importante norma que todos deberíamos seguir. Como Antonino Pío, hemos de esforzarnos por permanecer en calma y contenidos, especialmente ante los demás. Cuando fijamos un estándar elevado para nuestro comportamiento ante los demás, tendemos a cumplirlo en mayor medida. Se trata de un rasgo humano particular. Solemos comportarnos de una forma ante extraños o conocidos y de otra cuando estamos solos o en familia. En público nos mostramos más contenidos, y en privado podemos llegar a ser irracionales. Pero para los estoicos esta no era la forma correcta de comportarse. Creían que hemos de ser la misma persona en cualquier situación que nos plantee la vida.

Piensa en ello. Por lo general, no damos importancia a los inconvenientes menores ante los demás. En el trabajo, somos más tolerantes con la conducta de los otros. Si nuestro compañero de trabajo derrama el café en el escritorio, decimos: «¡No pasa nada!». Pero si lo hace nuestra pareja, en casa, abrimos los ojos como platos o hacemos un comentario sarcástico. Los estoicos aspiraban a un comportamiento consistente. Si le decimos a un compañero de trabajo que no pasa nada si derrama el café, hemos de hacer lo mismo cuando quien lo derrama es nuestra pareja o un miembro de nuestra familia. Si extrapolamos esta conducta, podemos empezar a practicar la calma evitando que los demás vean que nos ponemos nerviosos ante acontecimientos irrelevantes.

La próxima vez que el mercado esté a la baja, imagina que alguien te pregunta: «¿Qué te parece este mercado bajista? ¿Cuánto dinero has perdido?». Revisa esta conversación en tu mente o en tu diario. Imagina decir algo así como: «Creo que he perdido unos pocos miles de dólares. Pero es temporal. El S&P 500 siempre se recupera. No estoy en activos de riesgo. No hay nada de lo que preocuparse».

No le des más vueltas. Trátalo como un asunto sin importancia. Es normal pensar: «Si vendo ahora, al menos dejaré de sentirme mal». Pero esa no es la respuesta. Considera cómo actúa Cathie Wood.

Si miras alguna de sus entrevistas durante una de las correcciones del mercado de valores, descubrirás a una inversora serena, en la cima de su profesión, y que no le teme a nada en el mundo. Sin embargo, afrontémoslo: en su fuero interno probablemente se sienta tan mal como cualquier otra persona que pierde dinero. No importa si tú pierdes 100 dólares y Cathie 1.000 millones. Los dos sentís la pérdida de una forma profunda.

Pero, cuando haces declaraciones diciendo que todo está bien, empiezas a creerte tu propia historia. Si sigues racionalizando las caídas a corto plazo en el S&P 500 de esa manera, al final te sentirás más cómodo con las fluctuaciones en tu cartera.

2. No hagas nada cuando el mercado se desplome

En una de las cartas que Séneca escribió a su amigo Lucilio le explicó que un día llegó demasiado tarde a la panadería y ya no había pan. «Mi panadero no tiene pan, pero el alguacil, y el portero, y el inquilino sí. Y dicen: "¡Qué pan tan malo!"».[21]

Séneca mencionó cómo las personas que consiguieron pan se apresuraron a quejarse. No apreciaban su pan porque no tenían hambre. «Espera, y se volverá bueno; el hambre hará que incluso este pan te parezca refinado y delicioso, por lo que no debes comer antes de que el hambre lo ordene. Así que esperaré y no comeré hasta que tenga un buen pan o deje de rechazar el malo. Hay que acostumbrarse a la escasez; incluso los hombres bien acomodados y con medios para impedir y obstruir al hombre que desea algo se enfrentan a las dificultades de tiempo y lugar».

En la historia del S&P 500, el índice ha cerrado en verde entre el 50 y el 60 % de los días en que se han negociado acciones.[22] Eso significa que lo más probable es que tu cartera esté al alza cuando abras tu cuenta de acciones cualquier día. Y como el mercado de valores sube la mayoría de los días del año, nos acostumbramos a ello, especialmente en un mercado alcista.

Como Séneca le dijo a su amigo, uno también debe acostumbrarse a un poco de dificultad. Si la vida es fácil, nos frustramos rápidamente. Cuando eres una persona saciada, no toleras un pan que no es demasiado bueno. Pero, si no has comido en más de un día y tienes hambre, ese mismo pan te parecerá increíblemente delicioso.

Lo mismo ocurre con tus inversiones. Si tu cartera sube durante un largo periodo, no soportarás verla bajar. Pero

¿qué harías si no tuvieras dinero? Aceptarías cualquier suma. Así como Séneca recuerda a sus amigos que en la vida todo es cuestión de perspectiva, también podemos recordarnos que perder dinero con una estrategia a largo plazo no es malo. No estás en bancarrota. Aún dispones de tus ingresos, y tu cartera de acciones no ha desaparecido. Sin duda, su valor ha bajado en relación con ayer, pero no estás pasando hambre. Esta es la clave para mantener la calma cuando el mercado empieza a caer.

Durante los momentos de pánico en el mercado, como en 2008 o cuando el desplome causado por la pandemia de la COVID-19 en 2020, si recibes notificaciones como: «ÚLTIMA HORA: El Dow Jones cae 3.000 puntos en su peor día desde 1929», es normal que hasta el inversor más sereno se asuste. Sin embargo, lo último que quieres hacer es algo estúpido. Puede que sientas el impulso de vender porque se respira un ambiente muy negativo, pero un inversor estoico se da cuenta de que no es algo de lo que preocuparse.

No tiene sentido cambiar tu estrategia cuando ocurre un evento global que afecta a tu cartera. Son acontecimientos que sucederán más veces. Sin duda, serás testigo de más desplomes importantes durante tu vida. Estas caídas duelen especialmente cuando has estado invirtiendo durante treinta años y has acumulado una riqueza considerable. ¿Qué harás cuando pierdas 300.000 dólares en un día? Nada.

Al igual que los estoicos, siempre debes situar las cosas en perspectiva. Al actuar así, tu miedo desaparecerá. Nada de esto debería influir en tu estrategia. No puedes predecir lo que harán los mercados.

Cuando tenga lugar la próxima caída, recuerda a Séneca. No estamos acostumbrados a los contratiempos. Nos hemos habituado a ver un mercado de valores que sube la mayor parte del tiempo. No estás en bancarrota y ciertamente no dependes de tus inversiones para pagar las facturas. Limítate a esperar.

3. Si puedes, invierte más

Imagina que el mercado de valores ha estado bajando durante tres meses. Tu cartera ha disminuido un 15 % en un año, pero estás tranquilo, y además ves la oportunidad que supone para ti que el mercado esté más bajo que hace tres meses. Si tu pasta de dientes favorita está en oferta, comprarás varios tubos para ahorrar dinero, pues lo mismo ocurre en el mercado de valores si eres un inversor a largo plazo. Cuando los activos están en oferta, puedes adquirirlos a un precio más bajo.

Pero aquí está el truco: compra solo *cuando puedas*. Probablemente no pedirás dinero prestado para comprar tu pasta de dientes solo porque está de oferta, te limitarás a esperar hasta el próximo mes y la comprarás al precio normal.

Cuando las acciones de Cathie Wood bajan sin una razón aparente, lo cual sucede a menudo con las acciones de crecimiento, ella compra más si tiene dinero extra. Por ejemplo, a principios de 2023, cuando Tesla y Coinbase bajaron, hizo compras por 42 millones y 22 millones de dólares, respectivamente.[23] Pero esas acciones también habían bajado el año anterior. Ella no compró más en cada desaceleración, solo cuando tenía dinero extra y veía una oportunidad de comprar sus acciones favoritas a precios más bajos.

Cuando el S&P 500 baja más del 10 %, es una oportunidad para usar efectivo e invertir más si tienes la flexibilidad financiera para hacerlo. Aplica la misma estrategia durante un mercado bajista (cuando el mercado cae más del 20 %), lo que sucede aproximadamente una vez cada cuatro años.

Si eres un inversor selectivo, debes proceder con más cautela, ya que lo que quieres es evitar un «precipicio» o acciones que están desplomándose rápidamente sin señales claras de recuperación. Verás muchas acciones de crecimiento (que no forman parte del índice S&P 500) atrapadas en una espiral descendente. Comprar acciones que están cayendo con rapidez no es una buena estrategia.

Si tienes inclinación por el riesgo y por seleccionar acciones, al menos recurre a la «regla de especulación 90/10». Se trata de una estrategia que he creado para minimizar las pérdidas. La explico con más detalle en el capítulo 15. La idea es invertir el 90 % de tu capital en un índice general como S&P 500 y el 10 % en inversiones más especulativas. De este modo te verás menos afectado cuando tu selección de acciones no arroje el resultado esperado.

Tanto si eres un inversor pasivo como un inversor selectivo, recuerda invertir más cuando el mercado está a la baja, si tienes la oportunidad. ¿Cuánto más? Si deseas generar riqueza a más velocidad, invierte todo lo que puedas.

Digamos que sueles invertir el primer día de cada mes, pero ves que el día 20 el mercado ha bajado un 16 %. Bien, pues, aunque estás pensando en comprar un televisor nuevo con el dinero que tienes en la cuenta corriente, como te das cuenta de que el mercado te está dando la oportunidad de hacer crecer tu capital, no lo dudes y aprovecha esa desaceleración de la bolsa. Ese producto que deseas, pero no necesitas, puede esperar. El mercado no lo hará.

PARA REFLEXIONAR

El alma se fortalece al ser entrenada para el valor soportando adversidades, y es entrenada para el autocontrol absteniéndose de placeres.

MUSONIO RUFO[24]

Imagina que tienes una cantidad considerable de dinero en el mercado de valores. Tu cartera valía 350.000 dólares hace solo cuatro días. Desde entonces, el mercado ha caído debido a la amenaza de una recesión. El primer día cayó un 4 %; el segundo día, un 2 % más; luego cayó otro 1,5 %, y, por último, se desplomó otro 5 %.

Una caída del 12,5 % en menos de una semana es algo que ya ha ocurrido antes en la historia. Ahora tu cartera tiene un valor de 306.250 dólares. Has perdido casi 50.000 dólares en cuatro días hábiles. Piensa en lo que notas en el estómago al perder esa cantidad de dinero. Para muchos de nosotros, es un año de sueldo. Piensa de vez en cuando en este tipo de pérdidas, en especial durante los mercados alcistas. Analiza cómo reaccionarías y lo mal que te sentirías; anticipar lo peor alivia el impacto. Practicar estos ejercicios mentales te prepara para la pérdida real.

EN RESUMEN

- El miedo a las pérdidas es normal. Pero atender a ese miedo y no invertir impedirá que tu riqueza crezca.
- Adquirir la capacidad para sentirse cómodo con las pérdidas te hará más rico. Si sigues invirtiendo a pesar de las pérdidas, te aseguras de mantener tu estrategia. Por el mero hecho de continuar, te garantizas tu bene-

ficio debido al movimiento al alza del mercado a largo plazo.

- Nuestras vidas y nuestras carreras son largas, y la pérdida es inevitable. Intentar evitar las pérdidas no tiene sentido. Es mejor que trabajes e inviertas a pesar de ello.
- Cuando experimentes reveses temporales, no dejes que te vean nervioso. Mantén la serenidad ante los demás, y al final esta se convertirá en un rasgo de tu carácter.
- Nunca sucumbas a la presión de actuar el primer día de un desplome bursátil. Limítate a observar y ver qué pasa. En la mayoría de los casos, el mercado rebota a los pocos días. Si no lo hace, considera invertir más.
- Si el mercado baja más del 10 %, invierte más, si puedes. Si tienes dinero disponible, inviértelo en el mercado en lugar de dejarlo en tu cuenta corriente.

Capítulo 8

Evita perder todo tu dinero

En cuanto tu dinero empieza a crecer, la tentación de asumir más riesgos para obtener un beneficio mayor puede resultar atractiva. Sin embargo, una excesiva inclinación a las ganancias potenciales a menudo desemboca en pérdidas permanentes y, en última instancia, en la ruina financiera. Para salvaguardar tu creciente riqueza y fomentar el crecimiento continuado, es esencial evitar las pérdidas significativas de las que no podemos recuperarnos. Al ser consciente de las causas más habituales del desplome financiero, estarás mejor equipado para eludir riesgos innecesarios, reconociendo que las consecuencias potenciales superan a las recompensas potenciales. La clave para el crecimiento sostenido consiste en prevenir las pérdidas.

El profesor de matemáticas que no podía perder

Cualquiera que haya visitado un casino sabe que la banca siempre gana. Por eso, la mayor parte de la gente no va a Las

Vegas a ganar dinero, sino a pasárselo bien. Pero el matemático Edward Thorp consideraba los casinos como un lugar en el que ganarse la vida.

Thorp, nacido en 1932, se doctoró en Matemáticas por la Universidad de California, Los Ángeles, en 1958[1] y trabajó hasta 1961 en el Instituto de Tecnología de Massachusetts (MIT), donde colaboró con Claude Shannon, el «padre de la teoría de la información». Las teorías matemáticas de Shannon crearon los cimientos para las redes de comunicaciones electrónicas que en la actualidad abarcan todo el planeta.

No es de extrañar que Thorp lo considere todo como una ecuación matemática. Desde su punto de vista, el juego del *blackjack*, también conocido como veintiuno, no era un puro juego de azar: se trataba de una cuestión matemática que podemos resolver.

Cuando compartió audazmente su opinión en un artículo revisado por pares y titulado «A Favorable Strategy for 21» en 1961, los periódicos nacionales se hicieron eco de la historia.[2] Naturalmente, los propietarios y empleados de los casinos no le creyeron. Thorp recuerda que el portavoz de un casino ridiculizó su sistema en televisión. «Cuando un cordero va al matadero, podría acabar con el matarife. Pero siempre apostamos por el matarife», dijo.

Cuando un apostador rico oyó hablar de las ideas de Thorp, le ofreció 10.000 dólares para visitar Reno y ganar en sus casinos, con la esperanza de aprender uno o dos trucos. Thorp se embolsó 11.000 dólares después de devolverle los 10.000; es decir, en ese viaje ganó más del doble del dinero con el que había empezado a apostar.[3]

Perfeccionó su sistema y en 1966 publicó un libro titulado *Beat the Dealer,* que documentaba su estrategia para ganar al *blackjack* sin hacer trampas. El libro tuvo un enorme éxito y desató la «fiebre del *blackjack*» en Estados Unidos. A la gente le encantaba que Thorp hubiera puesto en práctica su teoría y hubiera ganado dinero. La experiencia le había enseñado una lección importante: si tienes una ventaja en cierto juego, ganarás si juegas el tiempo suficiente.

Si perdía una mano, tan solo renunciaba a una pequeña cantidad en relación con sus ganancias. No se quedaba sin blanca, como muchos otros jugadores de casino que no se tomaban en serio lo de jugar, bebían y permitían que sus emociones se apoderaran de ellos. Cuando las probabilidades estaban de su lado, apostaba fuerte, y cuando no era así, sus apuestas eran modestas. Su objetivo era irse a casa con ganancias que superaran el equivalente a un año de salario en su bolsillo.

«Este plan, consistente en apostar solo a un nivel en el que me sentía emocionalmente cómodo y no avanzar hasta que estuviera listo, me permitió practicar mi sistema con una precisión calmada y disciplinada», reflexionó Thorp.[4]

Tras la publicación de *Beat the Dealer*, fueron muchas las personas que aprendieron el sistema del matemático, así que los casinos cambiaron las reglas e introdujeron el *blackjack* con múltiples barajas. Esto neutralizó el sistema de conteo de cartas de Thorp. Con el tiempo, los casinos empezaron a tomar medidas enérgicas contra los contadores de cartas.

Thorp sabía que sus días de gloria jugando al *blackjack* habían terminado, así que dejó Las Vegas y se fue a Wall Street, al que llamó «el mayor escenario de apuestas del mundo».[5] Quería hacer con las acciones lo que había hecho con el veintiuno. En 1969, dejó su carrera académica y colaboró con operadores de valores para formar un fondo de inversión libre llamado Princeton Newport Partners.[6]

Las primeras acciones que compró Thorp fueron de una empresa llamada Electric Autolite, que producía baterías de automóvil para Ford Motors y otras compañías. Encontró críticas positivas sobre Electric Autolite en las noticias, así que decidió usar parte de sus ganancias del *blackjack* y de las ventas de libros para comprar acciones. Compró cien acciones a 40 dólares cada una y observó cómo estas bajaban a 20 dólares en dos años.

Thorp perdió la mitad de su inversión de 4.000 dólares. Como un jugador que está en desventaja, insistió en seguir jugando hasta recuperarse y se aferró a las acciones hasta que volvieron a su precio original. Pasaron cuatro años hasta que las acciones de Electric Autolite subieron hasta el precio original de compra de Thorp. Durante ese tiempo, el S&P 500 registró mejores rendimientos, lo que le hizo darse cuenta de que no estaba obteniendo beneficios de su inversión. Thorp recuperó su dinero en cuatro años, mientras que el índice registró unas ganancias del 16 % en el mismo periodo (1969-1973).[7]

Thorp le peguntó a su mujer, Vivian: «¿Qué errores he cometido?».[8] Solía consultar sus negocios con ella. Vivian le respondió, sin rodeos, que estaba jugando a un juego que no comprendía. Y tenía razón. En Wall Street, Thorp no estaba en su elemento. Reflexionó sobre algunas de las lecciones aprendidas en su etapa como jugador de *blackjack*: (1) comprender el juego al que estás jugando, (2) permanecer en el juego el tiempo suficiente para apostar fuerte cuando las probabilidades están de tu parte y (3) asumir las pérdidas. No aplicó esas reglas cuando empezó a invertir. A partir de ese momento ajustó su estrategia y empezó a invertir siguiendo sus reglas de una forma más estricta.

En 1975, seis años después de iniciar sus inversiones, Thorp se había convertido en millonario.[9] En cuanto su nombre se hizo un hueco en el mundo de la inversión, conoció más personas pertenecientes a esa comunidad, y se dio cuenta de que había gente que «parecía no tener una brújula moral».[10] Un día, después de presentarle a Vivian a una de estas personas, ella le dijo que no era alguien en quien se pudiera confiar. Cuando él le preguntó por qué, ella le contestó: «Su forma de conducir delata su avaricia».

A pesar de ser uno de los primeros analistas «cuantitativos» o inversores que se basan en las matemáticas para tomar decisiones, Thorp advirtió que el negocio financiero no solo tiene que ver con los números; también son claves las personas con las que nos relacionamos. Por este motivo, evitó perder dinero eludiendo personas y empresas en las que no confiaba. En 1994, un célebre operador llamado John Meriwether, junto con dos futuros ganadores del Premio Nobel de Economía (en 1997), creó un fondo de inversión libre conocido como Long-Term Capital Management (LTCM). El fondo contaba con dieciséis socios generales que eran académicos distinguidos y operadores veteranos.[11] Incluso había un exvicepresidente de la Reserva Federal. Entre los inversores del fondo se encontraban casi todos los principales bancos de inversión de Estados Unidos. Esto no es algo extraño en un fondo de inversión libre. Sin embargo, LTCM también recibía financiación de los bancos centrales de Italia, Singapur, Taiwán y Tailandia. Generalmente, estas entidades no invierten en fondos de inversión libre.

Un día, representantes de LTCM se reunieron con Thorp y le preguntaron si estaba interesado en invertir en el fondo. En aquella época, LTCM era el fondo más popular en Wall

Street debido a sus ganancias excepcionales. Logró un rendimiento del 21 % en su primer año (después de pagar las comisiones), un 43 % en su segundo año y un 41 % en el tercer año. Pero Thorp investigó un poco y pensó que estos beneficios no eran sostenibles. Tampoco confiaba en la personalidad de Meriwether, uno de los socios principales del fondo. «En Salomon, Meriwether tenía fama de ser alguien que corría muchos riesgos —reflexionó Thorp—.[12] A los teóricos de la sociedad, creía yo, les faltaba "astucia" y experiencia práctica en la inversión». Thorp declinó.

En 1998, a los cuatro años de su fundación, las inversiones de Long-Term Capital Management se desplomaron. El fondo perdió casi el 90 % de su capital en cuestión de semanas, lo que provocó una conmoción en la industria financiera global. Pero LTCM era «demasiado grande para caer», por lo que fue rescatado: un gesto precursor de lo que ocurrió en la crisis financiera de 2008.

La Reserva Federal negoció un acuerdo con otras instituciones financieras para que el fondo pudiera liquidarse sin causar daño a los mercados globales. Un año después del mayor fracaso de un fondo de inversión libre en la historia, Meriwether y otros cuatro socios anunciaron con ostentación la creación de otro fondo llamado JWM Partners.[13]

En 2009, después de la crisis financiera, ese fondo también colapsó. En 2010, Meriwether volvió a crear otro fondo de inversión libre. Y volvió a ocurrir lo mismo. Era una práctica que Thorp llamaba «Cara, ganamos; cruz, perdemos». Los directivos de los fondos de inversión libre solían ganar dinero a través de las comisiones de gestión, tanto si obtenían rendimientos como si no. Cuando un fondo obtiene malos resultados, el gestor puede cerrarlo y abrir uno nuevo. Los inversores deben asumir las pérdidas. Sin embargo, la estrategia de Thorp giraba en torno a evitar las pérdidas.

Informó de que sus inversiones personales habían generado un rendimiento anual medio del 20 % desde sus inicios, y nunca había sufrido un año de pérdidas.[14] Vivian y él habían decidido que ya habían ganado dinero suficiente como para vivir cómodamente el resto de su vida. Thorp dijo: «El éxito para Wall Street era ganar el máximo dinero posible. Para nosotros, el éxito era vivir la mejor vida posible».[15]

Evitar las pérdidas con las tres reglas estoicas para una inversión sólida

Al comprar y vender activos de riesgo como futuros de índices, opciones bursátiles o criptomonedas, experimentas un rendimiento permanente o una pérdida permanente en cada operación. Este resultado binario marca una enorme diferencia respecto a la inversión. Al invertir en activos con un valor intrínseco, como acciones de empresas solventes, la pérdida permanente solo tiene lugar si vendes antes de tiempo, durante un desplome bursátil o la quiebra de la empresa. Aunque lo primero ocurre a menudo debido al comportamiento de los inversores, lo segundo es muy improbable en el caso de empresas sólidas y con un gran rendimiento.

Cuando LTCM entró en contacto con Edward Thorp, él no se fijó en el beneficio potencial, sino en la pérdida potencial, que podía ser devastadora. Aunque parece que LTCM se des-

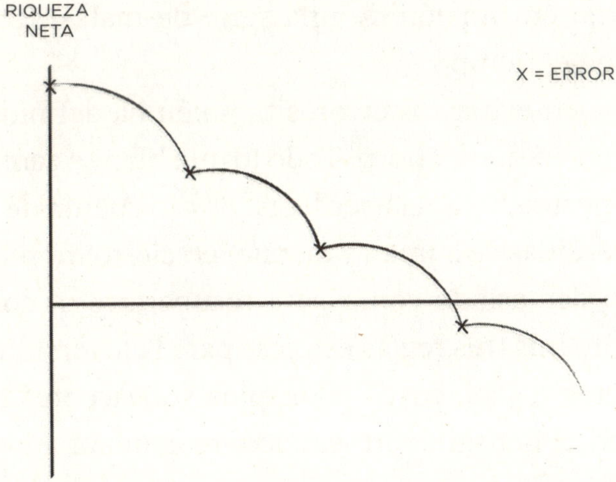

Figura 8. Una serie de errores que llevan a perder dinero se suman a lo largo del tiempo. Con cada pérdida, cae la riqueza neta del individuo, con la posibilidad de ser inferior a cero (una riqueza neta negativa).

moronó debido a un único error grave, el fondo de inversión libre cometió *una serie de errores*. Del mismo modo que puedes hacer que tu dinero crezca de forma positiva con buenos rendimientos, también puedes hacer que se vea afectado negativamente, y las pequeñas pérdidas provocan una enorme destrucción de riqueza. Pocos inversores lo pierden todo debido a una única mala inversión. La mayoría de los inversores que destruyen su riqueza lo hacen tras una secuencia de malas decisiones.

El poeta romano Juvenal, que suscribía muchas de las creencias estoicas, dijo una vez: «Nadie se corrompe de repente».[16] La gente destruye su vida no en virtud de una mala decisión, sino en función de una serie de malas decisiones sostenidas en el tiempo.

El énfasis en evitar los errores también ha definido la carrera como inversor de Thorp. Todo lo que hizo se centraba en un único aspecto: evitar las pérdidas. Se dio cuenta de que las pequeñas pérdidas se suman y de que, en cierto momento, ya has perdido demasiado como para recuperarte. A continuación, presento mis tres reglas estoicas para la inversión sólida. Suscribir estas reglas, cuyos principios subyacentes hunden sus raíces en el pensamiento estoico, te ayudará a evitar los grandes golpes financieros.

1. Invierte en lo que conoces

¿Cómo saber cuál es el valor correcto de una acción? Se trata de una tarea tan compleja que cada experto en inversión y cada profesor de economía tiene una opinión diferente. Esta es exactamente la razón por la que la inversión es más un arte que una ciencia. Si preguntas a diez inversores cuánto vale la empresa X, probablemente obtendrás diez respuestas distintas. Como no existe una forma universal de juzgar una inversión, hay que elegir un modelo de evaluación. Uno de los modelos más populares utiliza la relación precio-beneficio (P/B) de una empresa, que mide el valor actual de mercado del precio de una acción de la empresa en comparación con su beneficio por acción (RPA). En términos simples, una relación P/B alta indica que la empresa está sobrevalorada, y una relación P/B baja puede sugerir que la empresa está infravalorada. Sin embargo, las acciones con la relación P/B más alta suelen ser las que suben más rápido, razón por la que los modelos de evaluación no suelen decir nada del movimiento a corto plazo de una acción.

Los inversores como Edward Thorp son célebres por pasar interminables horas investigando para determinar qué precio deben pagar por una acción. Existen tantos factores que determinan el precio de una acción que esta cuestión se ha convertido en el tema principal de cientos de libros publicados cada año. La idea es que, si llegas a dominar la destreza de la evaluación, estarás capacitado para hacer buenas inversiones.

Pero la mayoría de la gente no desea pasarse muchas horas al día evaluando acciones. No tenemos la pasión o el interés para leer el balance general y el informe anual de una empresa. No nos importa el rendimiento de una compañía en su ramo y cuáles son sus perspectivas. No sabemos quién es el CEO o cuáles son sus valores. Y, sin embargo, somos muchos los que hemos comprado acciones de una empresa porque usamos sus productos o porque la empresa aparece en las noticias. En estos casos, muchos inversores hablan de comprar acciones «glamurosas» o «de moda». O tal vez compramos acciones de una compañía que acaba de hacerse pública a través de la Oferta Pública Inicial. La mayoría de estas empresas recién cotizadas tienen un rendimiento muy inferior al del mercado en su primer año.[17] Mantente alejado de este tipo de acciones populares que a menudo salen en las noticias.

La inversión a largo plazo tiene que ver con pagar un buen precio por un buen activo. Esto es exactamente lo que hacemos al invertir en el S&P 500. La comunidad de inversión está de acuerdo en la hipótesis del mercado eficiente. La idea es que el mercado de valores siempre está correctamente valorado porque sus millones de participantes compran acciones infravaloradas y venden las sobrevaloradas. ¿Cuál es el resultado final? El equilibrio. Eso no significa que el mercado de valores sea eficiente a diario. De hecho, si observamos los gráficos diarios de las acciones, llegaremos a la conclusión de que el mercado está lejos de ser eficiente cuando cae un 5 % porque el presidente de la Reserva Federal ha dicho algo inoportuno. Pero, a largo plazo, el mercado de valores es una máquina implacable de autocorrección.

Las acciones que suben rápidamente suelen tender a volver a la media. Esta es la idea más práctica que hay detrás de la teoría del mercado eficiente: solo es relevante a largo plazo. Esto significa que, en teoría, podrías beneficiarte de errores de evaluación a corto plazo. Un inversor sofisticado que conozca el verdadero valor de una acción podría, en teoría, actuar en el momento en que el precio sea inferior. Si deseas comprar acciones mal valoradas, recomiendo usar la regla de especulación 90/10 (la desarrollaremos en el capítulo 15). No importa lo que diga tu modelo de evaluación, ten en cuenta que el mercado podría no estar de acuerdo contigo.

Hay una famosa cita atribuida al economista John Maynard Keynes: «Los mercados pueden ser irracionales más tiempo del que tú eres capaz de ser solvente».[18] Esto subraya el hecho de que los mercados son siempre impredecibles, al margen de lo predecibles o racionales que sean tus argumentos para invertir en determinadas acciones. Incluso aunque estés convencido de que una acción acabará por serte favorable, el mercado puede seguir moviéndose contra ti hasta destruirte.

Necesitamos autoconciencia para decir: «Este no es un juego al que yo quiera o pueda jugar». Los estoicos solían hablar de la importancia de la verdadera autoconciencia o el conocimiento de uno mismo. De hecho, cuando Marco Aurelio enumeró las características más importantes de una persona, empezó con la autoconciencia: «Características del alma racional: la autopercepción, la autoconciencia y el poder de hacer de sí misma lo que quiera. Recoge su propia cosecha, a diferencia de las plantas».[19]

Como inversores estoicos necesitamos la autoconciencia para reconocer que no sabemos lo suficiente sobre algo como para invertir en ello. Cuando nos sentimos impelidos a poner nuestro dinero en unas acciones en concreto, hemos de observarnos a nosotros mismos y preguntarnos: «¿Sé en qué estoy invirtiendo?». Si la respuesta es no, debemos evitar poner nuestro dinero en esos activos.

Para invertir en el S&P 500, tienes que conocer el mercado en su conjunto, que es lo que intento explicar en este libro. Sabrás cómo opera Wall Street y qué es lo que impulsa el mercado de valores. Si decides invertir en fondos indexados que replican el mercado de valores, estarás invirtiendo en algo que conoces. Si compras algo solo porque llama la atención o el precio sube, se trata de una realidad que desconoces.

2. No inviertas con dinero prestado

Desde la creación del mercado de valores en el siglo XVII, hemos experimentado muchas bonanzas y quiebras. Es la naturaleza de un mercado público. En momentos eufóricos, cuando el mercado no para de subir, todo el mundo quiere aprovecharse del dinero que fluye de forma aparentemente libre, invertido en tulipanes, oro, acciones, bienes raíces, criptomonedas, etcétera. Las burbujas forman parte de los mercados públicos, como las lesiones son una realidad intrínseca a la práctica de los deportes. No podemos disfrutar de una cosa excluyendo la otra.

Lo curioso es que todos sabemos cuál es el origen de las burbujas. Cuando un activo suscita un intenso deseo, la gente se entusiasma y asume más riesgos de los que puede gestionar. A menudo eso se traduce en que piden dinero prestado para adquirir ese activo. Después de todo, ¿qué riesgo hay en pedir un préstamo para comprar acciones que no paran de subir? El aspecto común en las burbujas es que todo el mundo parece olvidar la historia de las finanzas. Mucho dinero invertido en perseguir unos pocos activos siempre conduce a una burbuja, y esta al final acaba por estallar.

Es algo comparable a lo que sucede cuando la práctica excesiva de ejercicio provoca una sobrecarga muscular. Cuando nuestros músculos se someten a una tensión mayor de la que pueden soportar, experimentan una crisis, que se manifiesta en forma de lesión. La mayoría de las lesiones se producen como consecuencia de un exceso de entusiasmo y de no conocer nuestros límites. Yo corro desde que tenía dieciséis años y he padecido casi todas las lesiones habituales en los corredores, pero siempre ha sido por someter mi cuerpo a un esfuerzo desmesurado y prolongado; nunca he tenido una lesión por un accidente, como una caída o un esguince. Siempre que me he lesionado, he tenido que dejar de correr.

Lo mismo puede decirse de los mercados. Cuando hay demasiada gente que pide prestado mucho dinero, suben los precios. Esta tensión puede tardar años en manifestarse, pero al final el ciclo de bonanza llega a su fin. De pronto, los precios caen y el mercado parece paralizarse de repente. Quienes han pedido préstamos tienen que vender sus activos para devolver su deuda. Este ciclo es destructivo para nuestra riqueza y para nuestra salud mental. Asumimos más de lo que somos capaces de gestionar debido a nuestra impaciencia. Los estoicos escribieron mucho sobre este aspecto. Algo nos entusiasma y queremos más: más dinero, más placer, más ejercicio, etcétera. Pero desear más, incluso si el objeto de deseo es bueno, no es lo mejor. Epicteto lo expresó de forma espléndida: «La libertad no se procura por medio del pleno disfrute de lo que se desea, sino controlando el deseo».[20]

Aunque descubramos una oportunidad de ganar más dinero, debemos controlar nuestro deseo. Como el corredor incapaz de lograr una mayor resistencia porque siempre está lesionado, el inversor que pide dinero prestado no creará una riqueza sostenible. El inversor que gana mucho en los periodos de bonanza también pierde mucho en las quiebras. Como inversor a largo plazo, debes evitar este destino.

Sin embargo, todo esto no quiere decir que pedir un préstamo sea algo malo. Si estás operando con acciones para obtener ganancias rápidas, pedir prestado dinero o recurrir al apalancamiento puede ser útil. Básicamente, el apalancamiento permite a los operadores pedir fondos prestados para realizar operaciones más grandes de lo que podrían abarcar con su propio capital. Aunque esto pueda parecer una solución obvia, es importante recordar que el mayor rendimiento conlleva un mayor riesgo. Recurrir al apalancamiento para hacer operaciones más grandes puede producir mayores ganancias, pero también puede derivar en mayores pérdidas. Es crucial que los operadores sean implacables en la gestión de riesgos. El apalancamiento aumenta las probabilidades de agotar todo tu capital inversor. Úsalo solo si obtienes ganancias en más del 50 % de tus operaciones y te atienes rigurosamente a tu estrategia. Nunca arriesgues más de lo que puedes permitirte perder.

Como inversores a largo plazo, es inteligente evitar el apalancamiento en todos los casos. Las posibles recompensas, simplemente, no superan los riesgos.

3. Invierte dinero que no necesites durante un largo periodo de tiempo

Invertir en el mercado de valores es una gran estrategia a largo plazo. Desde 1926, el mercado de valores de Estados Unidos ha experimentado rendimientos positivos el 95% del tiempo en un periodo de diez años.[21] Esto significa que, en casi todos los periodos de diez años durante este intervalo, los inversores han experimentado ganancias en sus inversiones. Las únicas excepciones fueron la Gran Depresión y la inflación de los años setenta. Al margen de ello, el mercado de valores ha subido de manera constante.

Esto significa que el mercado de valores es una excelente herramienta para crear riqueza, pero no podemos contar con que el mercado iguale su rendimiento medio anual histórico del 10% a corto plazo. El simple hecho de invertir de manera constante no garantiza que obtengamos exactamente lo que deseamos. Como dijo Marco Aurelio, debemos aceptar cualquier resultado, «sin arrogancia, dejándolo ir con indiferencia».[22] En el mundo de la inversión esto es especialmente cierto en el corto plazo.

En cuanto viajas mentalmente al futuro y dices cosas como «Usaré mis beneficios para comprarme un coche el año que viene» o «Podremos usar los rendimientos del mercado de valores para pagar nuestra boda dentro de dos años», estás ignorando las matemáticas de la inversión a largo plazo. Esto es así porque probablemente harás crecer tu dinero a una tasa de aproximadamente el 10 % anual, pero solo si inviertes el tiempo suficiente.

Invertir no es una forma de generar ingresos a corto plazo. Cuando invertimos a largo plazo, nuestro objetivo es poner nuestro dinero a trabajar. Pero hemos de darle al dinero el tiempo suficiente para ofrecer rendimientos.

Por esta razón es esencial invertir solo el dinero que no necesitarás durante una década o más. Si inviertes dinero que necesitarás para tus gastos o grandes compras, es probable que te veas obligado a vender tus acciones antes de que tu dinero crezca exponencialmente. Y lo que es peor: podrías vender con pérdidas.

Aunque el S&P 500 generó un 11,44 % de rendimiento anual medio entre 1980 y 2022, como cualquier año puede proporcionar rentabilidades negativas, no podemos decir: «Mis 10.000 dólares se convertirán en 20.000 el año que viene. Esto es dinero fácil», ya que tal vez el año que viene el mercado tienda a la baja. ¿Y qué diremos entonces? ¿Que invertir no funciona y que, si lo haces, solo pierdes dinero?

Para practicar el estoicismo, no te puedes obsesionar con el momento en el que el dinero empezará a crecer. Cuando estamos apegados al dinero que necesitamos, la ansiedad se apodera de nosotros. Lo más estoico que podemos hacer con nuestro dinero es despedirnos de él por un largo tiempo en cuanto lo invertimos en el mercado. Este cambio mental nos ayudará a evitar la venta forzosa. Si necesitas dinero para gastos imprevistos, recurre a tu fondo de emergencia.

Un fondo de emergencia es una cuenta de ahorro independiente y específicamente diseñada para afrontar costes imprevistos, como emergencias médicas, la reparación del coche o la pérdida del empleo. Recomiendo mantener suficiente dinero en tu fondo para al menos seis meses de gastos. Abordaré esta cuestión con más detalle en el capítulo 13. Al disponer de esta red de seguridad financiera, evitarás las deudas con altos intereses o recurrir a tus inversiones a largo plazo cuando surjan gastos inesperados.

Si continúas invirtiendo con dinero que podrías necesitar para gastos o grandes compras, corres el riesgo de quedarte atrapado en un ciclo de compra de acciones y venta forzada en cuanto realmente necesites ese dinero. Como resultado, destruirás tu potencial para crear una riqueza sustancial. Se trata de un ciclo vicioso que te mantendrá estancado. Podrás evitarlo invirtiendo solo el dinero que no necesitas de inmediato.

PARA REFLEXIONAR

Una mente sana debería estar preparada para todo. Aquel que tan solo repite «¿Estarán bien mis hijos?» o «Debo recibir la aprobación de todos» es como los ojos que solo soportan los colores claros o los dientes que solo pueden masticar papilla.

MARCO AURELIO[23]

La preparación es clave, no solo en nuestra vida personal, sino también en lo que atañe a la estrategia de inversión.

Los inversores pueden prepararse de dos formas: (1) formándose constantemente en el campo de la inversión y (2) aprendiendo todo lo que puedan sobre la inversión particular a la que se van a dedicar.

Si incorporas estos dos aspectos en tu vida, estarás preparado para cualquier acontecimiento financiero.

EN RESUMEN

- La riqueza crece más rápidamente si evitas las pérdidas en lugar de concentrarte en obtener unos beneficios más altos. Como inversor, debes priorizar proteger tu capital en lugar de centrarte en optimizar el potencial de un rendimiento superior.

- Evita caer en errores habituales de forma reiterada. La gente no destruye su vida por una mala decisión, sino porque toma una serie de malas decisiones a lo largo del tiempo.
- Invierte en lo que conoces. El índice S&P 500 está formado por las quinientas empresas de mayor rendimiento en Estados Unidos. Es un vehículo de inversión sencillo y comprensible. No podemos decir lo mismo de la mayor parte de los activos financieros.
- No pidas prestado dinero para invertir a largo plazo. Invertir con dinero prestado es tentador, pero implica un gran estrés para el inversor, tanto económico como mental.
- Invierte con dinero que no necesites. Invertir los beneficios no es lo mismo que invertir el salario. Nuestras profesiones nos aportan un salario para vivir el día a día; nuestros activos nos ofrecen beneficios para vivir en el futuro.

Capítulo 9

La avaricia no es buena

¿Quién no quiere ser rico y famoso? Somos testigos de las vidas extravagantes de los demás, llenas de lujo, estatus y poder, y eso nos hace desear lo mismo. Queremos más: dinero, oportunidades, vacaciones, comida, experiencias. Sin embargo, el deseo infinito conduce a nuestra destrucción. Cuando aprecias que puedes tener lo suficiente de cualquier cosa en la vida, experimentas la paz interior. Dejas de desear más. No sientes avaricia y disfrutas de lo que tienes.

Avanzar dentro de la media

Era el año 1965, la era de las finanzas «rápidas», una época en la que los gestores de fondos que invertían en activos especulativos de alto riesgo y elevada rentabilidad eran los operadores más admirados de Wall Street. Los inversores abandonaban en masa los fondos conservadores y equilibrados para entregar su dinero a fondos agresivos que prometían rendimientos de dos dígitos.

Una de las empresas tradicionales que afrontó este éxodo fue Wellington Management Co. Walter Morgan, el fundador de Wellington Management, se veía a sí mismo como «excesivamente conservador» para continuar gestionando la firma con éxito. Cuando Morgan lanzó el Fondo Wellington en 1929, fue el primer fondo equilibrado que invirtió en acciones y bonos relativamente seguros.[1] La estrategia funcionó durante muchas décadas porque el hundimiento del mercado de valores en 1929 y la Gran Depresión que vino después volvieron cautelosos a los inversores, y también a los estadounidenses de a pie. Pero los años sesenta eran una época diferente y más próspera.

Morgan, de sesenta y seis años, llamó a su entonces vicepresidente ejecutivo, John *Jack* Bogle, y le obligó a «hacer lo que fuera necesario» para resolver el problema.[2] Morgan creía que Wellington tenía que participar en las tácticas *go-go* de otras empresas, ofreciendo sus propios fondos especulativos. El término *go-go* tuvo su origen en los años sesenta, cuando Estados Unidos alcanzó un pico de crecimiento después de la Segunda Guerra Mundial.[3] La economía y el mundo parecían en calma por primera vez en décadas. Los inversores arriesgaban más e invertían más dinero; tan solo querían seguir adelante, adelante, adelante (*go, go, go*).

Bogle, nacido en 1929, no tenía esa mentalidad. Creció en los duros años treinta y cuarenta y había estudiado Economía en Princeton, donde se licenció *cum laude* en 1951.[4] Empezó a trabajar en Wellington en cuanto acabó sus estudios y se abrió camino hasta el puesto de vicepresidente en 1965.[5] Bogle, un hombre pragmático, con aversión al riesgo y fiel a sus principios, sintió, sin embargo, la presión de su jefe para participar en las operaciones de riesgo que llevaban a cabo otras empresas, así que, con la aprobación de Morgan, fusionó Wellington con una empresa *go-go* en 1966. Morgan se retiró más tarde, y Bogle se convirtió en el CEO de Wellington en 1970.[6]

Sin embargo, el mercado empezó a mostrar señales de un crecimiento desacelerado. En 1973, la bolsa comenzó a hundirse. Aquel año, el S&P 500 cayó un 17 %, y casi un 30 % al año siguiente. Los activos de Wellington, valorados en 2.000 millones de dólares en 1965, se desplomaron hasta los 480 millones. Bogle fue despedido en 1974.[7]

Aunque Bogle había seguido los deseos de Morgan, nunca fue un defensor del planteamiento «rápido».[8] De hecho, en su tesis de Princeton de 1951, Bogle había estado jugando con la idea de crear un fondo que generara rendimientos menos arriesgados y siguiera al S&P 500.[9] En su mente, el inversor medio podría acumular más riqueza logrando rendimientos estables durante un periodo más largo. Creía que intentar superar al mercado era un juego estúpido, exactamente la estrategia que seguían los fondos «rápidos».

Aunque siempre le gustó la idea de crear un fondo indexado, nunca persiguió esa oportunidad hasta que fue despedido de Wellington y leyó el artículo «Challenge to Judgement», de Paul Samuelson, economista del MIT laureado con el Premio Nobel.[10] A pesar de haber sido despedido de su trabajo, todo parecía encajar para Bogle, que en ese momento tenía cuarenta y cinco años.

¿Por qué perder tiempo, dinero y energía seleccionando acciones cuando puedes hacer el seguimiento de todo el mercado de valores a través de un índice y crear riqueza simplemente analizando su evolución? En aquel momento, si querías comprar una cesta de acciones, tenías que comprarlas por separado o invertir en un fondo mutuo gestionado activamente (lo que implicaba un coste elevado). Esto hacía que invertir fuera un proceso que consumía mucho tiempo y que resultaba complejo y costoso.

Esta idea inspiró a Bogle para crear un fondo de inversión que siguiera a todas las empresas que cotizaban en el S&P 500. Como el fondo se limitaba a seguir al S&P, no necesitaba directivos ni tenía que cobrar tarifas de gestión, lo que reducía significativamente el coste para los inversores.

En 1975, Bogle fundó su propia compañía, Vanguard, con el objetivo de hacer que la inversión fuera accesible para el estadounidense medio. Al principio, la empresa estaba formada por Bogle y dos empleados,[11] pero en el plazo de un año presentó el Primer Trust Indexado de Inversión (ahora llamado Fondo de Inversión Indexado Vanguard 500), un fondo que seguía al índice S&P 500.

Cuando Bogle introdujo el primer fondo de inversión indexado, recibió las burlas de algunos miembros de la comunidad inversora. El presidente de Fidelity Investments le dijo a la prensa: «No me puedo creer que la gran masa de inversores se vaya a contentar con recibir un rendimiento medio. El juego consiste en ser el mejor».[12] La gente llamaba al fondo de inversión «la locura de Bogle», anticipándose a su caída.[13] Para muchos en Wall Street, lograr beneficios del mercado a través de la inversión pasiva era «un camino seguro a la mediocridad».[14] Si se podía obtener un rendimiento de dos dígitos en un año, ¿por qué limitarse a seguir el índice?

Bogle dijo que esta línea de pensamiento era la razón por la que las compañías de inversión no habían introducido nunca un fondo indexado. Simplemente, no tenían una motivación para hacerlo. El objetivo de una empresa de inversión a la hora de crear un fondo de inversión es aumentar los activos gestionados e incrementar las comisiones de asesoría, lo que implica ganancias para la compañía. La industria de las finanzas se había construido sobre ese sistema, y nadie cuestionaba el pensamiento convencional.

El sistema convencional fue diseñado para ser rentable para las empresas de inversión, no necesariamente para los inversores. Pero Bogle no creó Vanguard para ganar dinero para sí mismo o para su compañía. Fundó la empresa porque quería que los inversores se beneficiaran del mercado de valores en su conjunto. Tal como explicó él mismo: «Aunque nuestros compañeros tuvieron la oportunidad de crear el primer fondo indexado, solo Vanguard tuvo la *motivación*».[15]

Después del duro inicio de Vanguard a mediados de la década de 1970, aumentó el número de inversores, y estos descubrieron que la estructura única del fondo indexado de Bogle era una gran opción para sus objetivos financieros. Vanguard empezó con 11 millones de dólares en los activos bajo gestión, pero el fondo alcanzó los 100 millones a finales de 1982.[16] Seis años después, Vanguard logró el hito de los 1.000 millones de dólares, situándose en el puesto 41 de los 1.048 fondos existentes.[17] Cada vez había más gente que empezaba a invertir a largo plazo a través de los fondos indexados.

A finales de 2022, Vanguard disponía de 8,1 *billones* de dólares en activos bajo gestión,[18] con lo que se convirtió en el segundo mayor gestor de activos en Estados Unidos.[19]

A pesar de esta creación de riqueza, Bogle no era milmillonario. A su muerte, a los ochenta y nueve años, tenía 80 millones de dólares.[20] Eso es mucho dinero según los estándares de la mayor parte de la humanidad, pero es una cantidad minúscula si tenemos en cuenta que fue pionero de un fondo indexado valorado en billones de dólares. Mientras tanto, el CEO de Fidelity Investments, un competidor que dispone de la mitad de los activos de Vanguard, comunicó una riqueza de 12.200 millones ese mismo año.[21]

Bogle entregaba la mitad de su sueldo a organizaciones benéficas.[22] Solía decir que había que ayudar a los demás y obraba en consecuencia. Y lo más importante, se aseguró de que Vanguard no obtenía más beneficios que otras empresas de inversión. Creía que el rendimiento de las inversiones debía recaer en los inversores. A diferencia de las típicas compañías de gestión de fondos de inversión, Bogle diseñó Vanguard para que no fuera propiedad de accionistas individuales, sino de los fondos de inversión. A su vez, estos fondos son propiedad de accionistas de fondo y estaban dedicados a pequeñas inversiones. Si él y sus herederos hubieran sido los accionistas principales de la empresa, como ocurre en la mayoría de los fondos de inversión, habrían sido multimillonarios durante muchas generaciones.[23]

Una vez alguien le preguntó al magnate del petróleo del siglo XIX John D. Rockefeller: «¿Cuánto dinero es suficiente dinero?». Y él respondió: «Siempre un poco más».[24] Pero Jack Bogle no estaba de acuerdo; se contentaba con tener suficiente; lo que, según escribió en su libro *Suficiente: reflexiones sobre el dinero, los negocios y la vida*, equivalía a «1 dólar más de lo que necesitas».[25]

EJERCICIOS ESTOICOS PARA NEUTRALIZAR LA AVARICIA

Toda la filosofía del estoicismo se construye en torno a la idea del «término medio». Desde el principio, el estoicismo adoptó una posición equilibrada entre los otros dos movimientos filosóficos de su tiempo: el cinismo y el epicureísmo.[26]

Los cínicos también creían que somos felices al vivir de acuerdo con la naturaleza, libres del deseo de posesiones materiales y estatus social. Pero, a diferencia de los estoicos, consideraban que las creaciones sociales (como el dinero) no formaban parte de la vida natural. Los estoicos creían que debemos *adaptarnos* a la sociedad. Por su parte, los epicúreos sostenían que podemos alcanzar la felicidad buscando el placer y evitando el dolor. Tanto epicúreos como estoicos estaban de acuerdo en que podemos lograr la serenidad mental por medio de una vida sencilla y moderada. Pero lo estoicos no creían que hubiera que evitar el dolor o cualquier cosa natural.

Los estoicos eligieron el camino medio. No renunciaban a los placeres de la sociedad ni huían de las dificultades.

Planteaban una visión equilibrada de cualquier aspecto de la vida.

Séneca, uno de los estoicos más ricos, habló del término medio en relación con el dinero y su exceso con las siguientes palabras: «¿Preguntas cuál es la medida adecuada de la riqueza? La mejor medida es tener lo necesario, y la siguiente mejor, tener lo suficiente».[27] Está en sintonía con Bogle. No deberíamos renunciar a la riqueza, como los cínicos, porque la necesitamos para vivir una buena vida. Pero no la necesitamos en exceso para cumplir todos nuestros deseos, como los epicúreos.

El equilibrio es fácil de definir, pero difícil de conseguir. Está en nuestra naturaleza tender hacia el exceso. De hecho, nuestra sociedad enfatiza los extremos, y son muchos los que creen que es normal vivir al límite. En el mundo de las finanzas, lo advertimos en el volumen de crédito que utilizan los inversores. Cuando el *boom* post-COVID empezó a despegar en el mercado de valores en septiembre de 2020, una encuesta demostró que el 43 % de los inversores individuales afirmaba recurrir a alguna forma de crédito para invertir en bolsa.[28]

Recurrir al apalancamiento incrementa las pérdidas potenciales, pero también el beneficio potencial. A algunos inversores les gusta la idea de ganarlo todo. Sin embargo, no consideran en su justo término la posibilidad de perderlo todo. Crear riqueza es un proceso que lleva décadas, pero se puede destruir en cuestión de semanas o meses.

Si adoptas el término medio, no te enriquecerás rápidamente, pero tampoco caerás en la pobreza de repente. Es un trato que cualquier estoico firmaría para cualquier día de la semana. Vivir en equilibrio es difícil en el mundo moderno, donde estamos constantemente expuestos a las historias de éxito en las redes sociales, un éxito que también queremos para nosotros mismos. Por lo tanto, estas historias nos obligan a desear más intensamente.

Solo hay una forma de conservar el equilibrio: entrenarnos cada día. Esta es una de las ideas más importantes que Musonio Rufo compartía en sus enseñanzas. Tal como explicaba: «¿Podría alguien adquirir un control instantáneo sobre sí mismo simplemente al saber que no debe dejarse conquistar por los placeres, pero sin entrenarse para resistirlos?».[29]

En el estoicismo hay muchos ejercicios que nos animan a vivir mejor. La idea es que nunca podremos erradicar emociones como la avaricia cuando las sentimos —después de todo, las emociones son humanas y suceden inconscientemente—, tan solo podemos entrenar nuestra capacidad de neutralizarlas. He aquí dos de los ejercicios estoicos más útiles y sencillos para ayudarnos a mantenernos en el término medio.

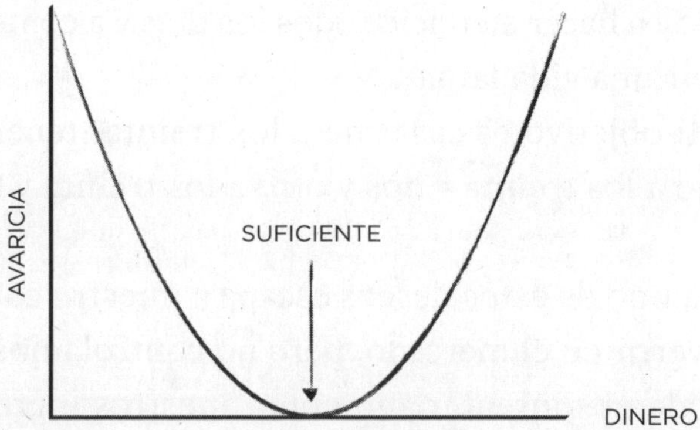

Figura 9. La relación entre la avaricia y el dinero a menudo sigue una curva en forma de U. Cuando tenemos poco dinero, somos codiciosos porque necesitamos más para vivir bien. Cuando tenemos lo suficiente, podemos estar mental y físicamente satisfechos con lo que tenemos. Si tenemos mucho dinero, es fácil caer en la trampa de querer acumular más.

Ejercicio 1: Desea solo aquello que cae bajo tu control

Epicteto dijo: «Si deseas algo que escapa a tu control, estás condenado al desengaño».[30] Y, sin embargo, si preguntas a cualquiera qué es lo que desea en la vida, casi siempre enumera una lista de cosas que no están bajo su control:

- «Quiero un rendimiento del 20 % este año».
- «Cuando alcance mis objetivos de beneficio este trimestre, seré feliz».

- «Voy a hacer ejercicio todos los días y a comer sano para vivir una vida larga».
- «Mi objetivo es casarme a los treinta, tener mi primer hijo a los treinta y dos y otro a los treinta y cuatro».

Cada uno de estos deseos escapa a nuestro control. Podemos invertir en el mercado, pero no controlamos los beneficios. Podemos intentar aumentar nuestros ingresos y llegar a conseguirlo, y aun así seguir siendo infelices. Podemos hacer tanto ejercicio como queramos, pero no podemos controlar sufrir un accidente o enfermar. Podemos empezar una relación, pero no controlamos los actos de nuestra pareja o nuestra fertilidad.

A pesar de estas observaciones evidentes, cada día insistimos en desear cosas que están fuera de nuestro control. Según los estoicos, no hay nada malo en desear, siempre y cuando nos centremos en aquello que controlamos. Podemos desear mejorar nuestro conocimiento y habilidades. Podemos desear ser más amables en nuestro trato con los demás. Pero, en cuanto deseamos aquello que escapa a nuestro control, abrimos la puerta a la avaricia. Para evitarla, hemos de cambiar nuestro diálogo interior en relación con los aspectos que no controlamos. Si cambiamos nuestro lenguaje, acabaremos por cambiar nuestros deseos.

Hay que pasar de: Yo necesito/quiero/deseo que suceda X.
A: Estaría bien que sucediera X.

Cuando empecé a escribir este libro, me di cuenta de que soñaba con que se convirtiera en un superventas y que me invitaran a aparecer en pódcast y programas de debate. Pensaba: «Quiero vender un millón de ejemplares y ocupar el primer puesto en la lista de superventas». Por último, ajusté mi diálogo interior y me dije: «¿Qué pensaría alguien como Séneca si escribiera un libro?».

Si se convierte en un éxito, estupendo; si no es así, estupendo. No controlamos los resultados. Controlamos nuestro esfuerzo. Pronto empecé a concentrar toda mi energía en escribir el mejor libro de inversión personal del mundo. Ese es mi objetivo. Y, para mí, este es el mejor libro. Si otros están de acuerdo, estupendo; si no, me parece bien. Como el hecho de gustar a los demás escapa a mi control, no me preocupa.

Epicteto llamó a esto «elegir y rechazar».[31] Significa que eliges o rechazas deliberadamente aquello sobre lo que tienes control. Puedes elegir concentrarte en lo que puedes controlar. Puedes negarte a dejarte cegar por el deseo.

Ejercicio 2: Modera tus hábitos

Para vivir según el término medio, debemos tener autocontrol, y para entrenar nuestra habilidad para controlarnos, es mejor empezar con lo más importante en la vida: nuestros hábitos. Según Musonio, la moderación empieza con nuestra dieta.

Musonio escribió: «Quien come más de lo que debe comete un error. También quien come deprisa, quien se deja seducir por los manjares, quien prefiere los dulces a los alimentos nutritivos y quien no comparte las viandas con sus compañeros de mesa».[32] Un estoico debería:

1. No comer nunca más de lo que necesita.
2. Tomarse el tiempo necesario para comer despacio.
3. Evitar los manjares (normalmente, agradables, lujosos y ricos en calorías).
4. Evitar los dulces.
5. Compartir la comida con los demás.

Si tienes dificultades con tu autocontrol, moderar tus hábitos alimentarios es una estupenda forma de mejorar. A partir de ahí, podrás aplicar la moderación a todos tus otros hábitos, lo que mejorará tu equilibrio vital.

Lo sé por experiencia. Comer con moderación fue una de las luchas de mi adolescencia. En mi peor momento, a los dieciséis años, pesaba 108 kilos. La obesidad me perturbaba mentalmente, pero aún más en un sentido físico.

Cuando decidí perder peso, consulté a una dietista y me brindó diversos consejos para perder peso, que recuerdo con exactitud: «Mientras estás intentando perder peso, no acabes nunca una comida. Deja siempre un poco en el plato. Solo un poco, algo que podría comer un animal pequeño, como un ratón. Esto no tiene que ver con limitar las calorías. Tiene que ver con el autocontrol».

Su consejo cambió mi forma de comer para siempre. Al cabo de un año, había perdido veintidós kilos haciendo ejercicio seis días a la semana y comiendo menos calorías de las que quemaba. En cuanto alcancé un peso saludable, me concentré en comer lo suficiente y no tanto como era capaz. Mi peso se ha mantenido más o menos constante durante los últimos veinte años.

De vez en cuando, cuando me doy cuenta de que estoy comiendo con ansiedad, aplico la técnica de «dejar un poco en el plato». Me recuerda que controlo lo que como.

A menudo subestimamos lo poderoso que puede llegar a ser el autocontrol. Asumimos que nuestros deseos son más fuertes que el autocontrol. Pensamos que es normal abandonarse al exceso. No podemos comer solo un puñado de patatas fritas; tenemos que acabarnos la bolsa. No nos conformamos con el 10% del rendimiento en el mercado; necesitamos el cien por cien.

Tu forma de comer influye en tu forma de vivir. De hecho, cada comida o picoteo que haces te ofrece una oportunidad para practicar. Si eres capaz de comer con moderación, también podrás vivir con moderación. Empieza con lo que comes, y el resto de tu vida seguirá naturalmente ese camino.

Los principios subyacentes son los mismos tanto si aplicas este pensamiento a la comida como al dinero. Si olvidas la moderación, estás perdido. Si ejerces el autocontrol en tu dieta y en tu dinero, encontrarás el equilibrio. Esto es lo que tienen en común los grandes estoicos y los grandes inversores. Siempre se mantienen imperturbables, no importa que los mercados se comporten con optimismo o pesimismo. No se dejan arrastrar por los extremos, no importa lo fuerte que sea la atracción. Están satisfechos si tienen lo suficiente.

PARA REFLEXIONAR

¿No es locura y el mayor de los delirios desear tanto cuando podemos poseer tan poco?

SÉNECA[33]

¿Cuánta ropa eres capaz de ponerte? ¿Cuántos coches necesitas? ¿Cuántos accesorios y muebles puedes tener en casa? ¿Cuántos aparatos tecnológicos usas?

La respuesta a todo lo anterior suele ser: «No tantos». Muchos incluso preferimos una vida sencilla a la presión constante de acumular más.

Reflexiona sobre el hecho de que el ser humano se acostumbra a todo. Incluso si tienes muchas posesiones, pronto te acostumbrarás a ellas. No encontrarás un placer duradero en los objetos. Solo lo hallarás en tu interior.

Si deseas algo, desea una vida sencilla.

EN RESUMEN

- Vive según el término medio. Evita el exceso y aspira a una vida equilibrada. Al vivir de acuerdo con la vía media, evitaremos la ruina financiera.
- Concéntrate en crear riqueza, pero no a cualquier precio. Los estoicos siempre elegían vivir de acuerdo con sus valores, sin priorizar deseos mundanos como el placer, el estatus y el dinero.
- Desea aquello que cae bajo tu control. Cuando deseamos lo que no controlamos, nos arriesgamos a renunciar a nuestros valores a cambio de conseguir aquello que queremos. Si no logramos lo que deseamos, nos sentiremos frustrados. Pero, si solo deseamos lo que cae dentro de nuestro control, nunca nos sentiremos decepcionados.

- Modera tus hábitos. Llevar una vida equilibrada requiere aplicar la moderación a todas las áreas de nuestra vida. Cuando somos buenos aplicando el autocontrol en relación con lo que comemos, reforzamos nuestra habilidad para vivir con moderación.

Tercer principio

MULTIPLICA TU DINERO

Las recomendaciones morales se comportan como las semillas. Su fruto es grande, pero ocupan poco espacio. Como dije, permite que el tipo correcto de mente se apodere de ellas y las absorba: producirá a su vez muchas ideas por sí misma y dará más de lo que ha recibido.

SÉNECA[1]

Capítulo 10

Deja que tu dinero haga el trabajo

Si has adquirido algún dinero, puedes convertirlo en una gran suma. Te basarás en el poder del interés compuesto para hacer crecer lo que tienes. No dependerás exclusivamente de intercambiar tu tiempo por dinero. Esta es la verdadera definición de riqueza: liberarte de la trampa de ganar dinero a cambio de tu tiempo. Por el contrario, dejarás que tu dinero haga el trabajo por sí mismo. Pequeños beneficios año tras año producirán grandes resultados a largo plazo. Si inviertes con constancia en el mercado de valores, es cuestión de tiempo que tu riqueza crezca de forma exponencial. Este conocimiento te colmará de satisfacción al invertir.

DE *CADDIE* A GESTIONAR MILES DE MILLONES

Peter Lynch solo tenía diez años cuando su padre murió de cáncer en 1954.[1] Para ayudar económicamente a su madre, en su adolescencia trabajó como *caddie* en un club de campo local. En el club, Lynch oía hablar constantemente de inversiones, lo que le hizo entrar en contacto con un nuevo mundo. Allí fue donde conoció a George Sullivan, presidente de Fidelity, una de las mayores empresas de servicios financieros de Estados Unidos. Sullivan y otros ejecutivos de Fidelity le inspiraron para probar suerte en la inversión.[2]

Durante su segundo año en la Universidad de Boston, en 1963, Lynch usó sus ahorros para comprar cien acciones de Flying Tiger Line a 7 dólares la acción, y fue una buena inversión, ya que llegaron a cotizarse a 80 dólares. Fue un «multiplicador de diez», un término acuñado por Lynch para referirse a las acciones que ofrecían un beneficio de 10 veces su valor inicial. Utilizó sus ganancias en el mercado de valores para pagar parcialmente el resto de su licenciatura y, más tarde, su título de posgrado en Administración de Empresas en la Wharton School.[3] Mientras estaba en Wharton, consiguió unas prácticas en Fidelity Investments porque había sido *caddie* de George Sullivan. Estas prácticas se convirtieron en un puesto a tiempo completo como analista en 1969.[4] Luego ascendió en la empresa y se convirtió en director de investigación de Fidelity en 1974.

A medida que Lynch ascendía, el mercado de valores caía en 1973 y 1974. De hecho, toda la década fue difícil para los inversores; estuvo dominada por una alta inflación y una crisis del petróleo, lo que tuvo un impacto negativo en los mercados.

En 1977, el sentimiento era tan negativo que las oficinas de agentes de bolsa cerraron departamentos de ventas, porque casi nadie compraba acciones. Después de su etapa como director de investigación, a Peter Lynch, de treinta y tres años, le ofrecieron dirigir el Fondo Magellan. Si bien hoy Magellan es uno de los fondos de inversión gestionados activamente más famosos del mundo, en la década de 1970 era pequeño e insignificante, con solo 18 millones de dólares en activos bajo gestión.

Como administrador de fondos sin experiencia probada, Lynch tuvo la oportunidad de seleccionar acciones sin mucha presión. Después de todo, nadie esperaba rendimientos positivos en los años setenta, especialmente de un nuevo gerente. Pero Lynch sorprendió a todos. Bajo su liderazgo, el fondo le dio un giro a la situación en 1978. Obtuvo un rendimiento del 20 %, mientras el Promedio Industrial Dow Jones, un índice de las treinta mayores empresas de Estados Unidos, perdía un 17,6 %, y el S&P 500, un 9,4 % en el mismo periodo.[5]

La estrategia de Lynch para superar al mercado se basaba en una investigación a fondo. Después de estudiar los libros y el mercado de una empresa, a menudo visitaba sus tiendas o sus oficinas para hablar con las personas que trabajaban allí y aprender más sobre quién dirigía la compañía. Después de este proceso exhaustivo, Lynch determinaba si era el momento de invertir en esa compañía o no.

Una de las historias de éxito más célebres de Lynch es su inversión en Chrysler. Durante los años setenta, las ventas de Chrysler se desplomaron. La empresa automovilística había introducido un modelo fallido tras otro, y los analistas financieros predecían su quiebra. Basándose en sus investigaciones, Lynch decidió en 1982 que las acciones de Chrysler estaban infravaloradas. El balance general mostraba que esta compañía tenía más de 1.000 millones de dólares en efectivo, por lo que pensó que los inversores asumían erróneamente que Chrysler iría a la quiebra, algo que había hecho que se hundiera el precio de las acciones. No obstante, antes de decidir comprar más acciones de Chrysler, quiso reunirse con la dirección de la compañía.

En junio de 1982, Lynch aseguró: «Probablemente [hoy he vivido] el día más importante de mi carrera de veintiún años como inversor financiero».[6] Su reunión con los ejecutivos de Chrysler, que se suponía que duraría tres horas, se convirtió en una sesión de siete horas. Y una «charla rápida» con Lee Iacocca, un exejecutivo de Ford y CEO de Chrysler, se convirtió en una sesión de dos horas. También vio los últimos modelos de la empresa en la cadena de montaje. Descubrió que Chrysler tenía muchos productos nuevos y prometedores en desarrollo para vender una vez que la economía se recuperara.

Los automóviles son productos cíclicos, lo que significa que se venden menos en épocas de penuria económica y más en tiempos prósperos. Sin embargo, los precios de las acciones de las empresas automovilísticas se mueven de manera anticíclica en anticipación de esos cambios económicos. Cuando una compañía de automoción está registrando caídas en sus ingresos, los inversores se lanzan a comprar acciones anticipando un crecimiento en las ventas. Lynch se dio cuenta de esto y empezó a comprar acciones de Chrysler de manera agresiva. Una acción de Chrysler que costaba 2 dólares en 1982 alcanzó los 46 dólares en 1987, convirtiéndose así en una de las selecciones de acciones más exitosas de Lynch.[7]

El Fondo Magellan creció tan rápido que catapultó a Lynch al estatus de estrella de rock en el mundo de las inversiones. Alcanzó su máxima celebridad en 1989, cuando publicó el ahora clásico libro de inversiones *Un paso por delante de Wall Street*. Pero dirigir un fondo de grandes dimensiones como Magellan conlleva una gran carga mental, y Lynch se llevaba el trabajo a casa por las noches, los fines de semana y en vacaciones.

Tenía que hacer un seguimiento de miles de empresas para asegurarse de que el Fondo Magellan invirtiera bien sus recursos. Esto significaba que trabajaba más de noventa horas a la semana.[8] En 1987, después de mucho tiempo sin disfrutar de días de descanso, Lynch se fue de vacaciones a Irlanda el jueves 15 de octubre.

Pues bien, el lunes 19 de octubre, el Promedio Industrial Dow Jones perdió un 22,6 % de su valor. El S&P 500 descendió un 20,4 %, lo que sigue siendo la mayor caída en un solo día en la historia del índice.[9] Para situar esta caída en perspectiva, la mayor bajada en un solo día durante la Gran Depresión fue de «únicamente» el 12 %.

En lugar de disfrutar de las vacaciones con su esposa en el extranjero, Lynch, presa del terror por ese mal momento financiero, se quedaba despierto por la noche para compensar la diferencia horaria, llamar a su equipo y darle instrucciones sobre qué acciones vender y cuáles conservar. Al final, aprendió dos lecciones importantes: (1) no dejes que las molestias arruinen tus inversiones, y (2) no dejes que las molestias arruinen tus vacaciones. Después de la caída del mercado de valores en 1987, vino su recuperación, como ocurre siempre. «Tanto si es un día de 508 puntos o un día de 108 puntos, al final las empresas superiores tendrán éxito y las mediocres fracasarán, y los inversores de cada cual serán recompensados en consecuencia», fue su conclusión.[10]

En 1990, Lynch renunció al Fondo Magellan y se retiró a la edad de cuarenta y seis años. Había hecho crecer el fondo de 18 millones de dólares a más de 14.000 millones en activos, con más de mil posiciones individuales de acciones.[11] En una entrevista en PBS, le preguntaron por qué se había retirado tan pronto, siendo uno de los mejores gestores de fondos en la historia de Estados Unidos. Magellan mantuvo un rendimiento anual medio del 29 % durante la etapa de Lynch, y tuvo el mejor rendimiento en veinte años de cualquier fondo de inversión.

El entrevistador le preguntó a Lynch si fue la «presión» lo que finalmente le hizo salir del juego. «No fue la presión —respondió él—. Me encantaba el trabajo y he trabajado para la mejor empresa del mundo. Además, me pagaban muy bien y teníamos café gratis... No fue la presión. Simplemente, era demasiado tiempo. Trabajaba seis días a la semana y, aun así, no era suficiente».[12]

Lynch multiplicó su dinero y el de sus inversores a un ritmo acelerado, pero sus resultados financieros tuvieron un coste: el tiempo. Se perdió los años más importantes de sus tres hijos pequeños. Después de obtener excelentes rendimientos en sus inversiones durante años, se dio cuenta de que también quería lo mismo para su tiempo.

Consejos para multiplicar el dinero en el mercado

Si te presentaran las siguientes dos opciones, ¿cuál elegirías? Opción uno: dedicas todo tu tiempo libre a obsesionarte con las inversiones y a intentar superar de forma activa al mercado. Supongamos que logras obtener un 2% de rendimiento superior a la media del mercado. Sin embargo, a cambio de esto, sacrificas todo tu tiempo de ocio: no tienes tiempo para hacer ejercicio, para salir a cenar o para asistir a los recitales de tus hijos. Opción dos: adoptas una estrategia de inversión pasiva, permitiendo que tu dinero crezca a medida que sube el mercado. Te beneficias del poder del interés compuesto mientras disfrutas de tu tiempo libre y de paz mental.

A menos que seas un profesional de las finanzas o te apasione superar al mercado, es probable que elijas la opción dos, porque te brinda lo mejor de ambos mundos. Puedes crear riqueza y puedes dedicar tu tiempo a las cosas que realmente amas.

Lo bueno del interés compuesto es que no requiere que hagas nada. Simplemente, has de invertir dinero, lograr un rendimiento y seguir invirtiendo para generar ganancias sobre los beneficios obtenidos.

Cuando reinviertes tus ganancias de forma constante y dejas que tu capital siga creciendo, llega un punto en que el incremento se vuelve exponencial; la representación gráfica de este proceso se parece a un palo de *hockey*. Al principio, el progreso puede parecer lento y constante, similar al mango recto del palo de *hockey*. Sin embargo, a medida que el efecto del interés compuesto se consolida con el tiempo, la tasa de crecimiento se acelera intensamente, como la curva ascendente y pronunciada de la pala.

Aunque la idea es simple, la ejecución es una de las cosas más difíciles en la vida. Esto se debe a que el periodo plano del palo de *hockey* generalmente dura dos décadas cuando se trata de acumulación de riqueza, y como los humanos están orientados al corto plazo, tendemos a dejar de invertir antes de alcanzar la etapa de crecimiento exponencial del interés compuesto. Para evitar eso, adopta la mentalidad de un inversor a largo plazo y dite a ti mismo: «Prefiero usar mis rendimientos en el futuro, cuando sean grandes, que sacar pequeñas cantidades de dinero ahora».

Cuando inviertes y permites que tu dinero se multiplique, en verdad estás mejorando tu futuro. La idea de tomarte tu tiempo ahora para prepararte para el futuro es un aspecto esencial del estoicismo.

Séneca lo expresó admirablemente: «Cualquiera se acerca con más valor a un peligro para el que lleva tiempo preparándose, y resiste incluso las más duras circunstancias si las contempla de manera anticipada. Pero el hombre que no se ha preparado siente pánico ante el menor de los problemas».[13]

Para crear riqueza a largo plazo, debemos adoptar la misma actitud. Afrontamos el futuro con aplomo porque estamos invirtiendo hoy. A continuación, te ofrecemos tres consejos que te ayudarán a usar del mejor modo posible el poder del interés compuesto. Si te atienes a estos principios, tu dinero crecerá por sí solo.

1. Optimizar la rentabilidad del tiempo (ROT)

Peter Lynch fue un gran inversor que compartió muchas importantes lecciones sobre la inversión, el dinero y los negocios. Pero la más relevante tuvo como tema central la vida: «Simplemente era demasiado tiempo. Trabajaba seis días a la semana y, aun así, no era suficiente».

El tiempo no es una fuente renovable. En cuanto has consumido tu tiempo, este desaparece y no hay posibilidad de recuperarlo. Si tienes esto en mente siempre, las decisiones que tomarás serán diferentes, porque tendrás muy en cuenta el rendimiento que obtendrás de aquello que vayas a hacer. Pensarás: «Si invierto mi tiempo en esta actividad, ¿qué tipo de beneficio obtendré?». Debes preguntarte si lo que haces realmente merece la pena. Séneca explicó esta actitud con mucha precisión: «Que nadie me robe ni un solo día si no va a darme una compensación adecuada por tal pérdida».[14]

No se trata de ser tacaño con tu tiempo y llevar a cabo tan solo aquello que más te interesa. No, los estoicos decían que el tiempo debe ser utilizado con intención y con cuidado. Para Lynch, eso significaba pasar tiempo con su familia. Cada minuto que pasaba con los suyos probablemente le aportaba más alegría y energía que todas las horas que dedicaba a comprar acciones. Podía ganar más dinero investigando empresas que disfrutando de su familia, pero, como obtenía un mayor valor con el tiempo que pasaba con su mujer y su hija, dejó atrás su rol como gestor de fondos de inversión.

Podemos considerar este concepto como la rentabilidad del tiempo (ROT, por sus siglas en inglés [*return on time*]). Cuando la gente aspira a ROI (rentabilidad de la inversión [*return on investment*]), busca el beneficio financiero de una inversión económica.

- ¿Cuántos céntimos obtendrás por cada dólar invertido? Eso es ROI.
- ¿Cuánta energía obtendrás por cada hora invertida? Eso es ROT.

Ten en cuenta esto último cuando tomes decisiones que afecten a tu vida. Contempla la alternativa a todo cuanto estás haciendo y piensa: «¿Acaso la otra opción me aporta una mejor rentabilidad de mi tiempo (ROT)?».

La alternativa a la inversión activa es la inversión pasiva. La mayoría de la gente considera que este intercambio no merece la pena. Consideran la baja probabilidad de superar al mercado y la cantidad de tiempo que tendrán que dedicar a seleccionar acciones, y optan por la inversión pasiva porque no exige dedicarle tiempo.

Albert Einstein definió el interés compuesto como «la octava maravilla del mundo» por una razón:[15] dejar que tu dinero se multiplique por sí mismo sin invertir tiempo en ello parece demasiado bueno para ser verdad, pero es la única excepción a la regla.

2. Empieza invirtiendo ahora, no mañana

Este es un motivo habitual en el estoicismo: si quieres hacer algo que merezca la pena, hazlo hoy. Si algo no merece la pena, no lo hagas nunca. En una ocasión, Epicteto advirtió a sus alumnos: «Dejad las excusas y la vacilación. ¡Se trata de vuestra vida!».[16] Los animaba a tomar la iniciativa y empezar a vivir como estoicos a partir de ese instante. Todos sentimos la inclinación a retrasar tareas importantes, aunque sepamos que nos conviene hacerlas.

Para superar esta actitud, puedes apoyarte en trucos o consejos. En palabras de Epicteto, debes «prometer que dejarás de decepcionarte a ti mismo. Sepárate de la masa. Decide ser extraordinario y haz lo que necesitas para conseguirlo, ahora».[17]

Los estoicos nos animan a ser excepcionales y a temer la mediocridad. Vivir perezosamente es lo peor que podría pasarle a un estoico. Entendían que vivir de acuerdo con los valores estoicos y ser estrictos con nosotros mismos nos hace felices.

Lo mismo se aplica para ser un inversor disciplinado. El individuo que persevera en sus inversiones echará la vista atrás con satisfacción dentro de diez, veinte o treinta años. Dirá: «Me alegro de haber empezado a invertir pronto». Tú podrías ser esa persona.

Si no has comenzado a invertir porque estás esperando a ganar cierto dinero, a cambiar de trabajo, pagar un préstamo, recibir un ascenso, casarte o cualquier otra razón, te estás inventando excusas.

Recuerda: invertir es un hábito. No siempre importa la cantidad que inviertes; lo importante es que la inversión pase a formar parte de tu vida. Que inviertas cada mes sin dudarlo. Si no lo estás haciendo, empieza hoy, no mañana. La forma más fácil de hacerlo es ir a la app de tu banco o visitar una oficina de agentes de bolsa *online* y comprar acciones S&P 500 de Vanguard (con la clave VOO o VUSA en Europa).

3. Evita las tarifas altas

Las mayores amenazas para la rentabilidad de la inversión a largo plazo son los costes y tarifas. La industria financiera es como cualquier otra industria orientada a obtener beneficios. Tiene que generarlos.

Esto se convierte en un problema solo cuando los inversores y operadores individuales no son conscientes de los beneficios a los que están renunciando debido a los costes. Algunas personas asumen erróneamente que los productos y servicios financieros son gratuitos. Creen que comprar valores solo tiene un único coste de transacción. Pero eso no es cierto. Estos son los costes más habituales que debes tener en cuenta como inversor individual.

Costes de transacción. Son las tarifas que pagas al corredor de bolsa, banco o intermediario que utilizas para comprar valores.

Ratio de gasto. Se refiere a las tarifas anuales de un fondo cotizado en bolsa o un fondo de inversión. Los fondos cotizados en bolsa generalmente tienen tarifas que son menores al 0,1 % del valor total de los activos. Los fondos de inversión gestionados activamente tienen costes más altos porque cuentan con personal, por lo que sus tarifas suelen oscilar entre el 0,5 y el 1,0 %.

Comisiones. Si decides recurrir a un asesor financiero humano o a un asesor automatizado, debes tener en cuenta sus comisiones. Los asesores financieros suelen cobrar un 1 % o más de los activos bajo gestión por año. La mayoría de los asesores automatizados cobran entre un 0,2 y un 0,5 % al año.

Impuestos. Si mantienes tus activos en una cuenta sujeta a impuestos (al margen de tu plan de pensiones o cuenta de jubilación individual), es posible que tengas que pagar impuestos sobre las ganancias de capital. Cuando compras en un fondo cotizado en bolsa como contribuyente de Estados Unidos, no se te cobran impuestos sobre las ganancias de capital a menos que vendas y obtengas beneficios. Los fondos de inversión a menudo están estructurados de manera que probablemente tendrás que pagar impuestos sobre las ganancias de capital.

La razón por la que me gustan los fondos indexados, especialmente los de Vanguard, es porque son la forma más barata de invertir. No hay un gestor de fondos como Peter Lynch, con personal y oficina, a quien tengas que pagar. Te cobran una tarifa muy pequeña, a menudo en torno al 1 % o menos. Y los fondos indexados de bajo coste a menudo tienen una tarifa inferior al 0,1 %, que es una décima parte de la tarifa de un fondo de inversión.

Unos pocos puntos porcentuales pueden no parecer mucho, pero, si renuncias a pequeñas cantidades de rendimiento cada año, te dejarás mucho dinero a lo largo de la vida.

Imaginemos a dos personas: la persona A y la persona B. La primera compra en un fondo cotizado en bolsa S&P 500 de Vanguard con una relación de gasto del 0,03 % anual, y la segunda compra en un fondo de inversión gestionado activamente y con una relación de gasto anual del 0,75 %.

Asumamos que tanto A como B empiezan con 10.000 dólares, mantienen la misma estrategia durante treinta años, logran un rendimiento anual del 10 % y añaden 500 dólares al mes a su cartera. Esta es la diferencia entre sus respectivas carteras pasados treinta años:

- Persona A: 1.154.447,96 dólares.
- Persona B: 999.085,61 dólares.

Es una diferencia de más de 150.000 dólares. El poder del interés compuesto produce grandes diferencias debido a cambios insignificantes en el rendimiento neto.

PARA REFLEXIONAR

Dado que todos tenemos que morir, es mejor morir con distinción que vivir mucho.

MUSONIO RUFO[18]

Imagínate en tu lecho de muerte. Has invertido la mayor parte de tu vida, y estás acostado sobre un montón de dinero. Piensa en la satisfacción de dejar ese legado en el mundo.

Piensa en las vidas que podrás cambiar, mucho más allá del propio tiempo que se te ha concedido. Es una contribución eterna. A cambio, te marchas con una verdadera sensación de paz.

EN RESUMEN

- Deja que tu dinero crezca por sí mismo. Deja que el poder del interés compuesto multiplique tu riqueza, sin que precises estar demasiado atento a tu inversión. Pasará un tiempo antes de que tu rendimiento sea sustancial.
- Prioriza ROT (rentabilidad del tiempo) sobre ROI (rentabilidad de la inversión). El tiempo es el activo no renovable más importante en nuestra vida. Concéntrate en obtener lo máximo de tu tiempo y no lo máximo de tu dinero. El potencial de ganar un rendimiento de unos pocos puntos porcentuales a menudo no merece el tiempo que hay que dedicarle.
- Haz aquello que te aporte energía. La vida es demasiado breve como para obsesionarse con el dinero. Invierte. Pero cultiva lo que realmente te haga disfrutar.
- Invierte hoy, no mañana. Siempre podemos pensar en una razón para no invertir, pero casi ninguna de ellas es válida. Cultiva el hábito de hacer cosas importantes en el momento presente.
- Evita las tarifas elevadas. Entregar una cantidad tan ínfima como el 1% de tu rendimiento equivale a perder grandes beneficios a lo largo de toda una vida. Ten siempre en mente el coste de la inversión.

Capítulo 11

Confía en tu juicio

Una vez que hayas pasado un tiempo considerable aprendiendo sobre inversión y creación de riqueza, no tendrás que delegar esta tarea en otros. Puedes confiar en ti mismo. Como administrador último de tu propio bienestar financiero, es esencial que confíes en tu juicio y asumas plenamente tus responsabilidades. Asimila tu comprensión de las estrategias de inversión y ten fe en tus actos, que se basarán en la lógica y no en la suerte. Esta actitud te permitirá crear riqueza con confianza y será el caldo de cultivo para el éxito financiero a largo plazo.

Liberarse del «mayor inversor que jamás ha existido»

Nacido en 1953 en un hogar de clase media en Pittsburgh, Pensilvania, Stanley Druckenmiller se graduó en la Universidad Bowdoin, en Maine, en 1975 con una licenciatura en Inglés y Economía. Durante un breve tiempo cursó un doctorado en Economía, pero lo dejó al aceptar un trabajo como analista de valores en el Banco Nacional de Pittsburgh.[1]

Apenas tres años más tarde, a los veintiocho años, Druckenmiller creó su propio fondo de inversión libre, Duquesne Capital Management, que muy pronto cosechó el éxito. Solo en tres meses, uno de sus fondos creció un 40 %, lo que hizo que el joven directivo se convirtiera en la gran sensación de Wall Street.[2] Por último, el éxito de Druckenmiller llamó la atención de George Soros, fundador del Fondo Quantum, uno de los más grandes fondos de inversión libre, con más de 2.000 millones de activos bajo gestión en 1987.[3]

Tras una larga y legendaria carrera, Soros, de cincuenta y siete años, quería centrarse más en su labor filantrópica y alejarse de su fondo, que había creado en 1969 con un capital de 4 millones de dólares que incluía 250.000 dólares de su propio dinero.[4] A lo largo de los setenta y principios de los ochenta, la reputación de Soros en la comunidad financiera creció debido al tamaño de su fondo. Los fondos de inversión libre aún eran relativamente pequeños en comparación con su dimensión actual. Un fondo típico en los años setenta gestionaba decenas de millones de dólares.[5] Soros trabajaba con miles de millones. Y se hizo aún más célebre con la publicación de su libro *La alquimia de las finanzas*, en 1987. Por supuesto, Druckenmiller había leído ese libro. Cuando Soros se reunió con él en 1988 y le ofreció un trabajo en Quantum al joven

Druckenmiller, de treinta y cinco años, este se sintió eufórico, pero al mismo tiempo se mostró cauteloso.[6] Druckenmiller sabía que Soros tenía la reputación de gratificar generosamente a sus empleados, pero que también los despedía enseguida si no realizaban bien su trabajo. Preguntó a sus mentores si debía aceptar el empleo, y todos le aconsejaron que no lo hiciera.[7]

¿Por qué abandonar su independencia en su propio fondo para unirse a uno más grande y operado por un gestor implacable? Druckenmiller renunciaría a su libertad. Pero Soros lo quería en su equipo y le hizo una oferta: podría seguir gestionando su propio fondo mientras trabajaba para Quantum.

Druckenmiller no podía negarse. Para empezar, quería aprender del experimentado Soros, al que consideraba «el inversor más grande de todos los tiempos».[8] Sin embargo, esta admiración también tenía un precio: con el impresionante historial de Soros, ¿cómo alguien como Druckenmiller podría estar en desacuerdo con él si tenían opiniones diferentes? «Estar apadrinado por el mayor inversor del mundo puede ser un obstáculo más que una ayuda si te induce a romper el ritmo de tus operaciones», reflexionó Druckenmiller más tarde.[9]

A Soros le costaba dejar que otras personas —incluso su propio y supuesto sucesor— se hicieran cargo del fondo. Druckenmiller acabó no rindiendo tanto como Soros esperaba en su primer año en Quantum.[10] La presión arreciaba y Soros le intimidaba. Aunque no era una persona tímida, el joven inversor no podía evitar que Soros cuestionara sus decisiones. Las cosas empeoraron al año siguiente, en agosto de 1989, cuando Soros vendió una posición en bonos que Druckenmiller quería conservar,[11] sin tan siquiera informarle de ello.

Druckenmiller se sintió tan traicionado que le gritó a Soros: «¡Tu presencia me enerva!». Tuvieron una gran disputa, en la que Druckenmiller incluso llegó a decirle que quería irse,[12] lo que supuso un punto de inflexión para el gran inversor. ¿De veras quería seguir tomando las decisiones en Quantum? ¿Es que no pensaba ceder nunca esa responsabilidad a otra persona?

«No te vayas —respondió Soros—. Me iré yo».

Con su nueva independencia, Druckenmiller empezó a hacerse cargo de todo sin que Soros le vigilara. A finales de 1989, los activos de Quantum subieron un 31,5 %. Al año siguiente, Druckenmiller hizo crecer el fondo un 29,6 %, y lo disparó hasta el 53,4 % en 1991.[13]

Soros estaba impresionado. «Resultó ser una muy buena decisión la de dejar a Druckenmiller al mando. Tuvimos un rendimiento excelente durante tres años seguidos, otro *boom* en la historia del fondo».[14]

La notoriedad del Fondo Quantum alcanzó su punto máximo en 1992, cuando Druckenmiller ayudó a Soros en una operación que consolidó su legado. Durante una crisis de divisas europea, Druckenmiller hizo una enorme apuesta contra la libra esterlina. El 16 de septiembre de 1992 —conocido en el Reino Unido como el Miércoles Negro—, el gobierno británico se vio obligado a abandonar el Mecanismo Europeo de Tipo de Cambio (MEC), lo que devaluó drásticamente la libra.[15]

Como resultado, la apuesta del Fondo Quantum generó 1.000 millones de dólares en ganancias en un solo mes. Como Druckenmiller prefería evitar ser el foco de atención y, sin embargo, a Soros era algo que le encantaba, los medios empezaron a considerarlo el principal artífice de la operación, y decían de él que era el hombre que «había quebrado el Banco de Inglaterra».[16]

Las cosas fueron bien hasta finales de los años noventa, cuando a Soros le resultó difícil abstenerse de intervenir, a pesar de haber asegurado a Druckenmiller que no lo haría. Se puso en contacto con él y le urgió a ampliar las inversiones de Quantum en acciones tecnológicas.

Druckenmiller no estaba convencido; se llamaba a sí mismo un «dinosaurio» en lo que respecta a la tecnología. Las acciones tecnológicas se comportaban de manera diferente a los activos que él comprendía.[17] Sin embargo, se dejó influir lo suficiente como para invertir en ese campo. El orgullo probablemente tuvo algo que ver. Durante el *boom* tecnológico, Druckenmiller fue testigo de cómo empresas más pequeñas y con menos capital que Quantum multiplicaban su dinero por diez o más, así que tenía la sensación de estar perdiéndose algo.

Como no se consideraba un experto en tecnología, contrató a un gestor de fondos de Silicon Valley, Carson Levit, para que lo ayudara en Quantum. Por primera vez, Druckenmiller delegó su juicio en otra persona, y esto se reflejó en las apuestas de Quantum: a diferencia de Druckenmiller, que solo compraba activos que consideraba razonablemente bien valorados, a Levit no le importaba pagar precios elevados por acciones tecnológicas desorbitadas.

Bajo la dirección de Levit, Druckenmiller creó una cartera de acciones de internet y vendió en corto varias y destacadas empresas «de la vieja economía», como Sears y Goodyear, que según pensaba entrarían en decadencia a medida que crecieran las tecnológicas. Su estrategia funcionó. A finales de 1999, el Fondo Quantum tuvo un rendimiento del 35 %.

Encantado con sus rápidas ganancias, Druckenmiller decidió redoblar su apuesta en tecnología. La sensación de estar perdiéndose algo probablemente volvió a influir en él. Una de sus principales apuestas fue una empresa llamada Verisign. Cuando el precio de sus acciones subió a 258 dólares a finales de febrero de 2000, Druckenmiller pensó que seguirían subiendo. Compró 600 millones de dólares en acciones a principios de marzo, cuando el precio de Verisign cayó a 240 dólares, pues parecía una corrección provisional. Sin embargo, un mes después, el Nasdaq cayó y las acciones de Verisign se desplomaron a 135 dólares, una asombrosa caída del 44 % desde el precio de marzo.

El ambiente en Quantum se volvió sombrío. Para aliviar el estrés, los operadores empezaron a jugar con pelotas Koosh (juguetes peludos muy populares a principios de los 2000) y Druckenmiller fue con más frecuencia al gimnasio. Pero el resto del tiempo se encerraba en su oficina y observaba el mercado en silencio.

Con pérdidas tan grandes, Soros no podía quedarse quieto. Empezó a llamar a Druckenmiller con más frecuencia y ambos mantuvieron encendidas discusiones. A medida que Verisign seguía colapsando, las otras apuestas de Druckenmiller empezaron a dañar aún más el fondo. Sus ventas en corto contra el S&P 500 y otras compañías de la vieja economía tampoco funcionaron, lo que provocó que el fondo perdiera aún más dinero. El golpe de gracia llegó el 18 de abril, cuando las acciones de Verisign cayeron aún más, hasta los 96 dólares.

El Fondo Quantum había perdido un 22 % ese año, y sus activos totales habían caído 7.600 millones de dólares desde su punto máximo en 1998, que fue de 22.000 millones de dólares.[18] Como hacía la mayoría de los días cuando llegaba a las siete de la mañana a la oficina de Quantum, Levit saludó a Druckenmiller con un «¿Cómo estás?», pero esta vez la respuesta que obtuvo no fue la de siempre. «¿Cómo crees que estoy? Acabamos de explotar», le dijo Druckenmiller,[19] quien, al final del día, presentó su dimisión.

A pesar de ser considerado uno de los mejores inversores de todos los tiempos, Druckenmiller cometió el error de confiar en el criterio de otra persona más que en el suyo propio y acabó cediendo el control de uno de los fondos de inversión libre más grandes de su época.

Estrategias para mejorar tu juicio

El juicio es el proceso a partir del cual evaluamos y sopesamos la información y las opciones disponibles para llegar a una decisión razonada e informada. Para ser buenos inversores, necesitamos tener un buen juicio, porque el futuro es desconocido y hemos de tomar decisiones con la información que tenemos a mano.

En sus primeros años en Quantum, Stanley Druckenmiller tomó una buena decisión tras otra. Se basó en su propio juicio y tuvo la suficiente confianza en sí mismo como para pedir a Soros que se mantuviera al margen. Sin embargo, una década más tarde, dejó de basarse en su propio juicio. Cuando las acciones de las tecnológicas empezaron a subir, debió atender a su criterio inicial y no participar en aquello.

En marzo de 1999, cuando el mercado subía, Druckenmiller expresó sus preocupaciones a su equipo de Quantum: «No me gusta este mercado. Creo que probablemente deberíamos tomárnoslo con calma. No me gustaría acabar como Steinhardt».[20] Se refería a Michael Steinhardt, un célebre gestor de fondos de inversión libre que acabó su larga carrera en 1995 después de una pérdida sustancial el año anterior.

Es evidente que Druckenmiller era reacio a entrar en la burbuja de las acciones de las tecnológicas, pues era consciente de que la burbuja estaba condenada a estallar. No obstante, no era capaz de predecir cuándo sucedería y, con la presión de salvaguardar los rendimientos del Fondo Quantum, acabó por tomar la decisión de contratar a alguien en quien delegar sus decisiones sobre las acciones de las tecnológicas. Druckenmiller ignoró su propio juicio, y su fondo acabó participando en la burbuja.

El juicio correcto es el área más relevante de la filosofía y de la inversión, porque es lo que nos ayuda a ser autosuficientes y constantes. Así pues, ¿qué es un juicio correcto para un estoico? Consiste sencillamente en tener en mente los principios del estoicismo cuando tomamos decisiones. Estas tres estrategias estoicas te ayudarán a reforzar tu juicio.

Estrategia 1: Aspira a un juicio puro

El inversor Charlie Munger dijo una vez: «La idea de preocuparse por que alguien gane dinero más rápido [que tú] es uno de los pecados capitales. La envidia es un pecado realmente estúpido, porque es el único del que probablemente nunca podrás obtener diversión. Viene con mucho dolor y poca alegría. ¿Por qué querría alguien subirse a ese carro?».[21] Pero en las oficinas del Fondo Quantum, en 1999 y 2000, no podían ignorar la tentación de subirse a él.

No encontrarás un inversor con la humildad y la autoconciencia de Druckenmiller, que al final se dio cuenta de que había cometido un error de juicio al apostar tan fuerte por las tecnológicas. Diez días después de su dimisión, dijo lo siguiente: «Habría estado bien llegar a la cima, como Michael Jordan, pero me pasé de la raya».[22]

Dejó que las emociones se apoderaran de él y asumió riesgos que normalmente habría evitado. Los estoicos creían que debemos separar nuestras emociones de nuestro juicio. Decían que había dos tipos de juicio:

1. **Juicio de valor:** cuando dejamos que nuestras emociones influyan en nuestro juicio.
2. **Juicio puro:** cuando emitimos un juicio racional, libre de emociones.

¿Cómo establecer juicios puros? Una de las citas más célebres de Marco Aurelio dice así: «Elige no ser dañado, y no sufrirás daño alguno. No te sientas dañado, y no habrás sufrido ningún daño».[23] Si *dices* que has sufrido daño, sentirás ese daño. Si eres capaz de ignorar el daño, observando los hechos como lo que son, sin que interfieran en las emociones, estarás estableciendo un juicio puro.

Aquí tienes un ejemplo de cómo podrías aplicar esto en la vida cotidiana. Imagina que acaban de evaluar tu rendimiento en el trabajo, y no te dicen lo que esperabas. Tu jefe te ha hecho comentarios negativos. Esa noche llegas a casa y le dices a tu pareja: «La evaluación de hoy ha sido dolorosa». Marco Aurelio dijo que deberíamos dejar de lado la emoción y decir: «Hoy me han hecho una evaluación».

Confiar en tus opiniones te hace ciego a los hechos y realidades del mercado, lo cual es un error común que muchos inversores cometen. Por ejemplo, puedes estar convencido de que una industria en particular será la próxima gran novedad e invertir fuertemente en varias empresas de ese sector o comprar en un fondo cotizado en bolsa dentro de ese campo. Pero un tiempo después, cuando esas compañías publican sus balances trimestrales, descubres una caída significativa en los beneficios. Y lo que es peor: ofrecen pronósticos negativos y no esperan ser rentables a corto plazo. Esta mala noticia hace que baje el precio de las acciones de las empresas en

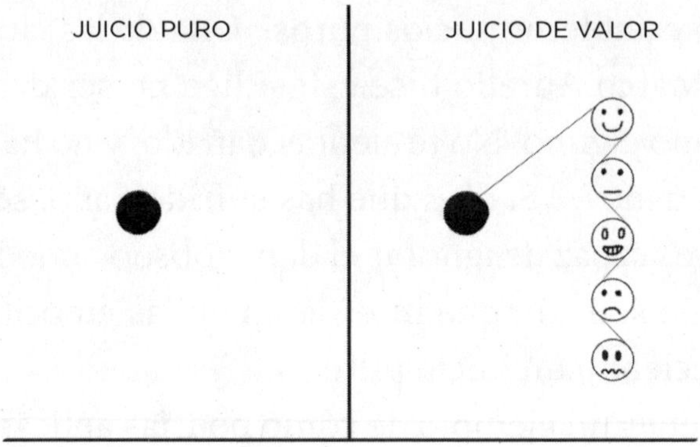

Figura 10. Un juicio puro es racional y libre de emociones. Un juicio de valor siempre implica una opinión o una emoción.

las que has invertido. Estabas demasiado centrado en tu opinión optimista sobre el futuro de un sector industrial determinado y no lo suficiente en los hechos.

Esto es lo que sucedió con la industria del *blockchain* (o cadena de bloques) en 2022.[24] El *blockchain* es una tecnología que permite grabar y registrar información sin la necesidad de intermediarios. En los años anteriores, impulsadas por la popularidad de las criptomonedas y las finanzas descentralizadas, las empresas de *blockchain* habían crecido exponencialmente. Pero muchos inversores no llegaron a entender que muchas de estas empresas cripto y *blockchain* carecían de un modelo de negocio sostenible.[25] Las compañías populares dentro de esa industria, como Riot Blockchain, Marathon Digital Holdings y Coinbase, cayeron un 90 % o más desde sus máximos históricos en 2022, pero en lugar de fijarse en los datos muchos inversores se dejaron influir por opinadores que aseguraban que el *blockchain* y las criptomonedas seguirían creciendo al ritmo que lo hicieron en 2020 y 2021.

Como inversor, es fundamental establecer juicios puros, basados en datos y hechos, manteniendo tu mentalidad libre de opiniones, emociones y el ego. Esto se debe a que nuestras opiniones pueden estar equivocadas, pero los datos siempre tienen la razón.

Estrategia 2: Desvincularse de los resultados

En la base del estoicismo está la idea de que no controlamos los resultados. Podemos tomar buenas decisiones basadas en juicios puros y, sin embargo, estas pueden conducir a malos resultados. Lo contrario también es cierto. A veces las personas toman malas decisiones que producen buenos resultados.

Sin embargo, como estoico, el objetivo es tomar buenas decisiones y evitar el apego a los resultados. Esto no significa que ignoremos los posibles resultados. Significa que, una vez que tomas una decisión, debes dejar de preocuparte por lo que sucederá. Y, algo más importante: cuando has tomado una buena decisión que no ha resultado como esperabas, no deberías culparte.

Como dijo Séneca: «Es trágico para el alma sentir aprensión por el futuro y desdicha en la anticipación de la desdicha, consumida por un deseo ansioso de que los objetos que brindan placer permanezcan en su posesión hasta el final. Porque tal alma nunca estará en paz; al esperar el futuro, perderá las bendiciones presentes de las que podría disfrutar. Y no hay diferencia entre lamentarse por algo perdido y el miedo a perderlo».[26]

Como estoico, el objetivo es tomar decisiones que estén en sintonía con tus valores. Evita la envidia, la codicia y el miedo, y haz todo lo que esté en tu mano para garantizar un buen resultado. Pero el resultado real no depende de ti. Druckenmiller quería retirarse como Michael Jordan, que participó en seis finales de la NBA y ganó las seis.

No permitió que el mal resultado de la burbuja puntocom lo detuviera. En la época en que trabajó para el Fondo Quantum, nunca renunció a la propiedad de su propio fondo, Duquesne Capital. Cuando dejó Quantum, se concentró nuevamente a tiempo completo en Duquesne. En su propio fondo, nunca tuvo un año con pérdidas.[27] Eso incluye todos los años malos que tuvo con Quantum. También incluye 2008, el año de la crisis financiera global.

Cuando no nos centramos en los resultados, podemos dedicar todo nuestro tiempo y energía a lo que tenemos justo delante de nosotros. Podemos tomar nuestras decisiones de la mejor manera posible y, una vez que hemos terminado, seguir adelante sin ansiedad ni remordimiento.

Estrategia 3: Admite tu ignorancia

Es fácil identificar errores y comportamientos inadecuados cuando observamos a los demás, pero, cuando llega el momento de observarnos a nosotros mismos, a menudo apartamos la vista. Tal vez nuestro ego no quiere admitir que no lo sabemos todo, o quizá es doloroso ser honestos con nosotros mismos. Es difícil admitir ignorancia. Con demasiada frecuencia aceptamos consejos de inversión de otras personas y tomamos decisiones sin pensarlo mucho.

El inversor coreano-japonés Masayoshi Son tiene la reputación de ser un inversor audaz. Muchas de sus apuestas han fracasado. Pero también tiene varias inversiones que han dado frutos muy buenos: Alibaba es la más famosa. Su inversión de 20 millones de dólares en Alibaba Group en el año 2000 se disparó hasta alcanzar un valor de 130.000 millones de dólares en 2018.[28] No importa cuán arriesgadas parezcan sus inversiones desde fuera, él tiene un método. Su estrategia de inversión consiste en entender nuevas tecnologías e invertir en ellas antes de que se vuelvan convencionales.

Pero incluso los inversores estratégicos cometen errores. En una conversación con Andrew Ross Sorkin, periodista de *The New York Times*, Masayoshi Son dijo que uno de sus amigos le sugirió que invirtiera el 1% de su patrimonio neto en Bitcoin. Así que invirtió 200 millones de dólares en Bitcoin para ver cómo se sentía al respecto. Y dijo: «Miraba el precio todos los días, y era una montaña rusa. Así que me dije: esto no es bueno. Esto es algo que no entiendo. Mi concentración mental se está viendo algo perturbada. Al menos miro el precio durante cinco minutos cada día, y me dije: "Esto me está distrayendo. Puede que suba después, puede que baje más tarde, pero no quiero pasar ni un minuto al día mirando el precio". Así que me dije: "Está bien, venderé a cualquier precio". Vendí con pérdidas. Pero me siento mucho mejor».[29]

Masayoshi Son perdió dinero negociando con Bitcoin, pero al menos pudo concentrar su tiempo en su negocio, que es invertir en empresas de tecnología. Tuvo la fortaleza emocional de admitir que no comprendía Bitcoin, y aceptó el resultado.

Cuando se trata de confiar en nuestro juicio, es clave reconocer los límites de nuestras propias capacidades. No hay nada malo en ello. Incluso algunos de los inversores más habilidosos se mantienen al margen de los activos que no comprenden. Pero, para alejarnos de lo que no entendemos, debemos ser lo suficientemente honestos con nosotros mismos para admitir que no lo sabemos todo. Esta autoconciencia abre el camino hacia un mayor éxito en las áreas en las que somos realmente fuertes.

PARA REFLEXIONAR

Las personas intentan escapar de todo: al campo, a la playa, a las montañas. Tú también deseas poder hacerlo. Lo cual es una tontería: puedes escapar de todo cuando quieras... No hay lugar más pacífico —más libre de interrupciones— que tu propia alma.

MARCO AURELIO[30]

El propósito de invertir en tu educación y convertirte en un individuo polifacético es ser capaz de apoyarte en ti mismo. No evites las decisiones difíciles sobre el dinero que tienes que tomar en la vida.

Aspira a convertirte en quien toma sus propias decisiones. El administrador de tu propio dinero. Incluso si contratas a un asesor financiero o a una empresa de gestión del patrimonio, ten como objetivo saber sobre inversión tanto como el profesional al que has contratado.

Recurre a tu autoconciencia para identificar lo que no sabes y lo que sabes. No subestimes ni sobrestimes tus habilidades como inversor.

Y no lo olvides nunca: ninguna otra persona en el mundo se preocupará tanto como tú por tu dinero.

EN RESUMEN

- Considérate un pensador independiente. Apóyate en tu propio juicio para tomar decisiones. El juicio correcto no es nada más que tomar una decisión tras evaluarla con cuidado.
- Establece juicios puros. Tus decisiones deben basarse en hechos. Esto implica emitir juicios puros, racionales y libres de opiniones personales.
- Despréndete de los resultados. En cuanto decides algo, no te apegues al resultado. Acepta cuanto suceda: bueno o malo.
- Reconoce tu ignorancia. La vida es demasiado breve como para saberlo todo sobre las oportunidades financieras en el mundo. Incluso los mejores inversores tienen dudas sobre ciertas inversiones y activos. Identificar lo que no sabes te ayudará a concentrarte en aquello que sí conoces.

Capítulo 12

Mantén tu estrategia de inversión

Aunque dispongas de la mejor estrategia de inversión del mundo, no crearás riqueza alguna si no te atienes a ella. Hay cientos de miles de activos en los que invertir. Pero el tipo de activos que elijas no es lo que te hará rico. Tu conducta es el factor determinante. En el camino hacia la riqueza, descubrirás muchos consejos que contradicen el método elegido y otros planteamientos de inversión. Tu inquebrantable creencia en el camino que has elegido te ayudará a ser constante. Si te mantienes firme, no solo crearás una riqueza sustancial, sino que lo harás mejor que tus compañeros e incluso superarás a la mayoría de los gestores financieros profesionales.

Invertir en ti mismo da sus frutos

Mohnish Pabrai creció en Bombay, rodeado por la pobreza. Nacido en 1964, Pabrai vivió con su familia en un pequeño apartamento por cuyo alquiler pagaban 20 dólares al mes. Su padre, Om Pabrai, era un emprendedor que se arruinó varias veces.[1]

Para Mohnish, ver a su padre intentarlo y fracasar fue duro, pero aprendió cuán importante es la constancia. El joven Pabrai recordaba la resiliencia de su padre durante la constante presión de bancarrota a la que estaba sometido: «Mi padre solía decir: "Si me dejas desnudo en una roca en mitad de la nada, abriré un negocio"».[2]

Pero el optimismo no da frutos inmediatos. Durante toda su infancia, la familia de Pabrai pasó dificultades financieras. Fue testigo de cómo sus padres lo perdían todo muchas veces. «Y cuando digo todo, me refiero a no tener dinero para hacer la compra al día siguiente ni para pagar el alquiler», recuerda Pabrai. Su dura infancia lo llevó a esforzarse en la escuela, y acabó secundaria siendo el tercero de su clase.[3]

Después de graduarse, sus padres esperaban que trabajara en el negocio familiar. Sin embargo, animado por sus buenas notas, Pabrai tenía otros objetivos en mente. No quería trabajar para su padre ni licenciarse en su país natal. Quería estudiar en Estados Unidos porque creía que allí tendría más oportunidades de ser rico. En 1983, ingresó en la Universidad Clemson, de Carolina del Sur, donde se licenció en Ingeniería Informática.[4] Pabrai destacó hasta tal punto en la clase de economía que un profesor le aconsejó que abandonara la ingeniería por esta otra carrera.

Pero Pabrai no quiso alterar el plan que tenía en mente y acabó su licenciatura en ingeniería. Tras graduarse en 1986, encontró trabajo en el Departamento de Investigación y Desarrollo de un proveedor de tecnología de redes conocido como Tellabs. Pasados cinco años, perdió el entusiasmo por su trabajo y descubrió que le había llegado la hora de cambiar. No quería seguir siendo un empleado; ahora quería llegar a ser aquello de lo que había huido: un emprendedor.

Sin embargo, decidió evitar el camino de su padre. En lugar de dejar su trabajo, un movimiento muy arriesgado, creó su propio negocio, TransTech, que ofrecía consultoría en tecnologías de la información e integración de sistemas a sus clientes.[5] Diez meses después, Pabrai tuvo la sensación de que tenía suficientes beneficios para mantenerlo económicamente, y eso le dio la confianza de trabajar en él a plena jornada, por lo que envió su carta de renuncia a Tellabs.

Al cabo de seis años, en 1996, TransTech era reconocido como una empresa Inc. 500.[6] En aquel momento, Pabrai había ganado el suficiente dinero como para disponer de un millón de dólares en ahorros. Un día, esperando su vuelo en el aeropuerto de Heathrow, en Londres, compró *Un paso por delante de Wall Street*, de Peter Lynch,[7] en el que descubrió el poder del interés compuesto y del método de la inversión a largo plazo.

Pabrai también descubrió a Warren Buffett en ese libro. Quedó tan impresionado por la cantidad de riqueza que Buffett había acumulado al invertir en acciones que quiso hacer lo mismo. Tras leer el libro de Lynch, se lanzó a leer todo lo relacionado con Warren Buffett y su socio, Charlie Munger, y durante el resto de los noventa aplicó con éxito la estrategia de inversión en valor de esos dos grandes hombres de negocios.

A medida que seguía haciendo crecer su empresa, se dio cuenta de que le gustaba más el mercado de valores que trabajar en TransTech. Un lunes de 1999, Pabrai se despertó sin ganas de ir a trabajar a la compañía que había fundado, que ya era un negocio maduro que proporcionaba un rendimiento creciente.

Descubrió que quería dedicar todo su tiempo a invertir, que no quería seguir trabajando en TransTech ni crear otro negocio. En 1999, vendió su empresa, en el auge de la burbuja tecnológica, por 20 millones de dólares.[8]

Lanzó un fondo de inversión, conocido como Pabrai Funds, con 900.000 dólares procedentes de ocho individuos y 100.000 dólares de su propio dinero.[9] Pabrai no quería arriesgar toda su fortuna. Aunque estaba seguro de sus habilidades y de su estrategia de inversión, aún se movía con cautela.

Pero tomar el dinero de otras personas para invertir también tiene un coste. Cuando los inversores te entregan su dinero, esperan un retorno de la inversión en uno o dos años. Sin embargo, Pabrai se mostró firme en mantener una perspectiva a largo plazo y siguió estrictamente las reglas de la inversión en valor.

Se dio cuenta de que Buffett había logrado buenos resultados en su carrera porque se mantuvo fiel a su estrategia. Cualquier persona puede aprender sobre inversión en valor leyendo el libro de Benjamin Graham, *El inversor inteligente*, y también se puede aprender sobre cómo invierte Buffett leyendo los numerosos libros que se han escrito sobre él. No hay secretos en la inversión en valor: solo hay que identificar las empresas infravaloradas, comprar sus acciones y esperar. Esa última parte es la más difícil y lo que suele hacer descarrilar a los inversores en valor que acaban fracasando.

Sin embargo, Pabrai vivía y respiraba inversión en valor. Ejecutaba la estrategia sin desviarse ni un milímetro. Le encantaba el hecho de que la mayoría de los inversores no se adhieren a una estrategia particular. «La buena noticia es que estoy jugando contra jugadores que ni siquiera conocen las reglas», decía.[10] Pabrai se enorgullecía de su capacidad para ejecutar su estrategia de inversión, que él llamaba inversión Dhandho, en honor a la palabra guyaratí *dhandho*, que significa 'riqueza'.

Mientras que la inversión en valor y la inversión Dhandho siguen el mismo método para seleccionar acciones, la inversión Dhandho presenta un planteamiento particular para minimizar el riesgo. Esta fuerte inclinación a minimizar el riesgo mientras se maximizan los rendimientos tiene su explicación en la biografía de Pabrai. Como inmigrante, siente que no puede permitirse el menor riesgo. Aunque la empresa de Warren Buffett, Berkshire Hathaway, invierte ocasionalmente en *startups* tecnológicas como Snowflake, Pabrai se centra exclusivamente en empresas con una dilatada trayectoria de éxito.

La estrategia de Pabrai demostró ser exitosa a pesar de su baja tolerancia al riesgo. Pabrai Funds logró un rendimiento del 1.204 % de 2000 a 2018.[11]

La estrategia de inversión de Pabrai implicaba que tenía que ser estricto a la hora de decir que no. Si veía una larga lista de empresas y no encontraba nada en lo que valiera la pena invertir, simplemente se acomodaba y se mantenía en sus posiciones actuales. Durante la caída del mercado en 2008, invirtió en diez empresas que consideraba infravaloradas, entre ellas estaban nombres poco conocidos como Pinnacle Airlines Corp., Air Transport Services, Teck Cominco y Horsehead Holding, que, a pesar del desplome, ofrecieron rendimientos superiores al 200 % desde 2008 hasta 2009.[12] A continuación, no hizo nada durante tres años. En todo 2011, solo compró acciones de dos empresas, y en 2012, de tres. No adquirió nada al año siguiente. Únicamente invirtió en unas pocas compañías el año siguiente, sin quebrantar nunca su regla principal de buscar oportunidades de bajo riesgo.

Pabrai demostró que cualquiera puede crear riqueza si es persistente. No asumió muchos riesgos ni tuvo una estrategia de inversión única. Siguió la estrategia de inversión en valor, se centró en minimizar riesgos y ejecutó esa estrategia a la perfección.

Cómo seguir adelante con tu plan

El factor más importante que determina tu éxito es una ejecución consistente. Epicteto dijo: «Una vez que te comprometas a hacer algo, sigue adelante y trátalo como algo que hay que concluir. No prestes atención a lo que diga la gente. Las opiniones de los demás no deberían influirte en modo alguno».[13]

La constancia es lo que define el éxito en la inversión. El tipo de estrategia que uses es menos importante que mantenerla y ejecutarla a la perfección. La verdad es que solo hay un puñado de estrategias de inversión probadas, y se conocen muy bien desde hace décadas:

1. **El análisis técnico y el indicador de impulso** surgieron a principios del siglo XX con operadores como Jesse Livermore. El análisis técnico implica el uso de datos históricos del mercado para identificar tendencias y patrones. Los operadores examinan datos de precios pasados para predecir movimientos futuros.

2. **La inversión fundamental** empezó a despegar con la introducción de la inversión en valor por parte de Benjamin Graham en la década de 1930. La inversión fundamental se centra en analizar las finanzas de una empresa y otros factores económicos para determinar su valor intrínseco a largo plazo y su potencial de crecimiento. La inversión en crecimiento es una forma de inversión fundamental centrada en empresas que muestran un gran potencial de crecimiento futuro.
3. **La inversión cuantitativa** se hizo popular gracias al trabajo de Edward Thorp en la década de 1970. La inversión cuantitativa implica el uso de modelos matemáticos, análisis estadístico y otras sofisticadas técnicas informáticas para identificar oportunidades de inversión en el mercado.
4. **La inversión pasiva** se introdujo a finales de los años setenta, en gran medida gracias al trabajo de John Bogle. Implica invertir en una cartera diversificada de acciones o bonos que sigue un índice particular, con el objetivo de obtener rendimientos de mercado con bajas comisiones y el menor esfuerzo.

Eso es todo. Y, aun así, cada año se publican cientos de libros nuevos que afirman tener la clave para vencer al mercado. Cada uno de esos libros propone una estrategia «nueva», que en realidad es una variante de un marco existente.

Los inversores que no han logrado el éxito asumen que hay algo mal en su estrategia. En cuanto no obtienen los resultados deseados, deciden que necesitan una estrategia diferente. Estos inversores reciben el asesoramiento de miles de personas que se ganan la vida en la industria financiera vendiendo información que, según aseguran, contiene el secreto para superar al mercado.

Howard Marks advirtió sobre las personas que intentan engañar a los inversores en su libro *Cómo dominar el ciclo de las inversiones*: «He visto docenas de proclamadas recetas mágicas a lo largo de mis cuarenta y ocho años de carrera. Ninguna ha resultado ser efectiva. Ninguna estrategia o táctica de inversión producirá altos rendimientos sin riesgos, especialmente a compradores que carecen de un alto nivel de habilidad inversora».[14] Si existieran recetas mágicas y otras estrategias de inversión exitosas, todos las conoceríamos.

La inversión de éxito no implica descubrir qué estrategia es la mejor; tiene que ver con atenerse a la estrategia que funciona. Para asegurarte de seguir tu plan durante los mercados alcistas y bajistas, aplica las siguientes estrategias en tu vida.

1. Ignora el ruido

En el año 1999, las noticias sobre el mercado de valores dominaban los periódicos principales. Las acciones tecnológicas eran tan populares que el famoso índice tecnológico Nasdaq pagó 37 millones de dólares por una pantalla de vídeo de ocho pisos en el corazón de Times Square. Según un artículo de *The New York Times* publicado el 29 de diciembre de 1999, el letrero «fue diseñado para concederle al mercado de valores un rostro público en el mercado global que pueda competir con su rival más conocido, la Bolsa de Nueva York».[15] Millones de estadounidenses quedaron fascinados por las acciones tecnológicas, ampliamente promocionadas por los principales medios de comunicación. Tres meses después de la publicación del artículo del *Times*, la burbuja de las puntocom empezó a estallar.

Pabrai ignoró el cacareo sobre las virtudes de las acciones tecnológicas. Por el contrario, se fijó en inversores como Peter Lynch y Warren Buffett, porque tenían un marco, una estrategia que venían aplicando a lo largo de las décadas. Eso es lo que atraía a Pabrai, no las acciones de altos vuelos de su época.

Para ser inversores a largo plazo, debemos ser capaces de distinguir la señal del ruido. No se puede entrar en las redes sociales sin tropezar con consejos o advertencias sobre el mercado de valores. Cuando hay un mercado alcista, los genios del mercado de valores intentarán convencerte de que tienen la clave para triunfar. Cuando hay un mercado bajista, el mismo genio tiene un plan maestro para sobrevivir al próximo desplome. La realidad es que nadie puede predecir el mercado con total certeza, ni siquiera los inversores más consumados. Ignora a cualquiera que sea tan estúpido como para alardear de que puede hacerlo.

2. Compárate con personas que no invierten

Idealmente, no deberíamos compararnos con los demás. Pero los estoicos se percataron de que no podemos evitar nuestras tendencias humanas. Observamos personas que son más ricas o que gastan más, y pensamos: «Quiero esa vida», pero este tipo de pensamientos pueden apartarnos de nuestro camino.

El problema es que, cuando te desvías de tu plan, puedes infligir un grave daño a tus perspectivas a largo plazo para la creación de riqueza. Si te dejas seducir por un método que promete hacerte rico rápidamente y decides jugarte el 50 % de tu riqueza, y pierdes una gran parte de ella, puede que te veas obligado a trabajar durante años para recuperar esas pérdidas.

Cuando adviertas que empiezas a compararte con los demás, prueba un truco mental que Séneca enseñó a su amigo Lucilio en una de las cartas que le escribió. Le aconsejó que no se fijara en las personas que eran mejores, más inteligentes o más exitosas que él, y que, por el contrario, se recordara «constantemente [...] lo mucho que has logrado. Cuando empieces a mirar a todos los que tienes delante de ti, piensa también en todos los que están detrás».[16]

Si insistes en compararte con los demás, compárate con *todos*, no solo con los que han tenido un éxito descomunal. No importa el lugar en el que te sitúes, siempre habrá gente que no tenga lo que tienes tú. Esta conciencia te ayudará a apreciar lo que posees y lo que ya has logrado.

3. Establece objetivos financieros que estén bajo tu control

Mohnish Pabrai es célebre por tener pocas acciones en su cartera. En julio de 2023 solo tenía tres posiciones, una de las cuales, Micron Technology, representaba el 77 % de la cartera.[17]

Es muy selectivo en las acciones que compra y, cuando se decide, invierte grandes sumas. El proceso de inversión de Pabrai se basa en establecer objetivos que están bajo su control. En lugar de aspirar a cierta suma en concepto de retorno de la inversión, se centra en el tiempo que dedica a la investigación.

Debemos ser absolutamente honestos en nuestras expectativas a la hora de generar riqueza. Puede sonar bien retirarse a los cuarenta, pero, si no hemos ganado cientos de miles de dólares al año cuando tenemos veinte o treinta años, no es una opción realista. En especial si tenemos en cuenta que la mayor parte de la gente gana más pasados los cuarenta o los cincuenta años. Son los años de máximos beneficios.

Debemos considerar lo que ganamos en un determinado momento y reservar, de forma realista, cierta cantidad para invertir. En lugar de pensar en un valor económico, por ejemplo «Quiero invertir 20.000 dólares al año», es mejor pensar en porcentajes.

Ahorrar o invertir el 30 % de tus ingresos netos es un gran objetivo. Eso te permite utilizar el resto para tus gastos cotidianos y para divertirte. En ciertas etapas de nuestra vida, no podremos ahorrar tanto, por lo que podemos aspirar a un 10 %. Si no puedes ahorrar ese porcentaje, merece la pena rebajar tu nivel de vida y ahorrar más.

Al margen de cuál sea tu objetivo financiero, concéntrate en aquellos aspectos de la inversión que sí puedes controlar:

1. **Gasto discrecional.** Se refiere a todos los aspectos no esenciales, como la diversión y el ocio.
2. **Esfuerzo.** Es la cantidad de tiempo y energía que pones en tu trabajo y en tu educación personal. Cuantas más destrezas adquieras, mayor será el valor que podrás ofrecer al mercado.
3. **Constancia.** Podemos elegir seguir adelante y mantener una práctica constante de ahorro e inversión aun cuando no parezca merecer la pena a corto plazo.

Juvenal dijo una vez: «Todos quieren tener conocimiento, pero muy pocos son los que están dispuestos a pagar el precio que ello supone».[18] El precio que pagamos para un futuro más opulento consiste en ahorrar un poco de dinero hoy. No me parece un mal trato.

PARA REFLEXIONAR

Si logras algo bueno gracias a un arduo esfuerzo, el trabajo se acaba pronto, pero el bien perdura; si haces algo vergonzoso buscando placer, el placer se acaba pronto, pero la vergüenza perdura.

MUSONIO RUFO[19]

Piensa en aquella vez en la que abandonaste un proyecto complicado o elegiste el camino fácil en lugar de aprender algo nuevo. ¿Cómo te sentiste después? Probablemente, no muy bien.

Compara ese momento con aquel otro en el que hiciste algo importante que exigía un trabajo tedioso (acabar un proyecto, obtener una titulación, mudarte al extranjero, empezar un negocio, crear una obra artística, construir una casa en un árbol para tus hijos...).

Una vez realizados, estos logros te colman de orgullo. La sensación de realización al haber llevado a buen puerto una tarea difícil no tiene parangón. Céntrate en este tipo de actividades.

EN RESUMEN

- La ejecución es lo que te hace rico, no la estrategia. Muchos inversores se pasan la vida buscando la estrategia perfecta que los haga ganar mucho dinero. Pero no existe tal cosa. En cambio, procura ejecutar a la perfección una buena estrategia de inversión.
- Concéntrate en tus propios actos. Siempre habrá otros que presuman del dinero que han ganado en el mercado de valores. Ignóralos. No es más que ruido.
- Compárate con quienes no invierten. Si observas a quie-

nes tienen más dinero que tú, no olvides tener en cuenta a quienes tienen menos.

- Establece objetivos financieros que puedas controlar. Aspira a ahorrar o a invertir un porcentaje específico de tus ingresos cada mes. En cuanto definas el porcentaje, procura atenerte a él en la medida de lo posible.

TÉCNICAS DE INVERSIÓN ESTOICA

Capítulo 13

Cómo empezar a invertir en acciones

En la vida de Séneca se pueden identificar dos etapas. En la primera, recibió una educación, se mudó a la capital del mundo occidental, Roma, y disfrutó de una larga carrera política. En la segunda, que empezó cuando tenía sesenta y dos años, decidió retirarse del frenético estilo de vida romano. Para entonces, había amasado una considerable fortuna, lo que le permitió viajar a algunos de los lugares más bellos de Italia.

En nuestra vida moderna, aspiramos a seguir la misma estructura. Dedicamos la primera mitad de la vida a formarnos, trabajar y ganar dinero. Es la fase de acumulación de riqueza, y va seguida por la fase de retiro. La mayoría de asesores financieros están de acuerdo en que debemos invertir de forma diferente en función de si estamos en la fase de acumulación de riqueza o en la fase de retiro. No hay una edad exacta en la que pasar de una a otra; puedes tener sesenta y dos años, como Séneca, o no.

En este capítulo abordaré la estrategia de inversión estoica que propongo durante la fase de acumulación de riqueza (en el siguiente capítulo me sumergiré en la fase de retiro).

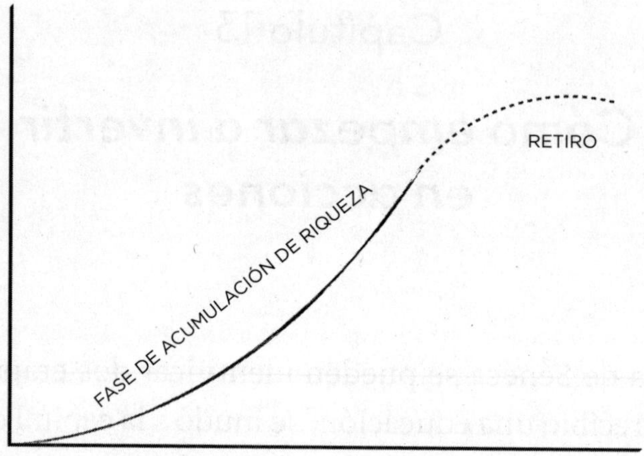

Figura 11. La fase de acumulación de riqueza en nuestra vida constituye la fracción más dilatada del tiempo que vamos a vivir. En esta etapa nos centramos en crear riqueza. Cuando nos retiramos, nos centramos en vivir del dinero que tenemos, y generar riqueza deja de ser una prioridad.

CÓMO INVERTIR DURANTE LA FASE DE ACUMULACIÓN DE RIQUEZA

En este libro hemos dedicado mucho tiempo a la filosofía porque es un aspecto clave para tener éxito en la inversión. Pero también tenemos que ser prácticos. Vamos a ello.

Si eres un recién llegado al mundo de la inversión en acciones, asegúrate de tener un fondo de emergencia antes de empezar. Este fondo es una cantidad de dinero reservada en un lugar libre de riesgos, idealmente en una cuenta de ahorros de alto rendimiento. Una buena regla general es tener ahorros equivalentes a seis meses de gastos. Este fondo te ayudará a evitar problemas financieros en caso de situaciones imprevistas. Bajo ninguna circunstancia debes invertir en acciones con el dinero que necesitas para tus gastos y el coste diario de la vida.

A continuación, debes decidir en qué invertir el dinero que puedes destinar a la inversión a largo plazo. Espero haber respondido a esa pregunta a lo largo de este libro. Al invertir en el fondo índice S&P 500, tendrás exposición directa al mercado de valores en un sentido amplio y te beneficiarás del crecimiento económico. A medida que la economía crezca, tu cartera de acciones también crecerá. Esta es la estrategia perfecta para comenzar, ya que no exige casi nada de tiempo. Más adelante, podrás ser tan sofisticado y activo como quieras. Por ahora, concéntrate únicamente en *empezar*.

En cuanto a la asignación de capital, esto es lo que recomiendo: invierte el cien por cien en acciones estadounidenses. Al menos al principio. Cuando acabas de empezar, no necesitas diversificar tu cartera con acciones internacionales ni complicarte con otro tipo de activos. Puedes simplificar las cosas invirtiendo todo el dinero que quieras en un fondo índice S&P 500.

Evita los bonos (tienen un rendimiento más bajo; volveremos sobre ello en el próximo capítulo) y comprar propiedades con el objetivo de alquilarlas. Tomar decisiones y cerrar tratos relacionados con bienes raíces requiere tiempo y energía, e históricamente el sector inmobiliario ha presentado un bajo rendimiento en sus acciones.[1] Esto no significa que nunca debas invertir en bonos o en bienes raíces. Si las circunstancias son propicias, podrías considerar invertir en otra clase de activos.

Ahora es el momento de abrir una cuenta de inversión o una cuenta de jubilación. La mejor manera es abrir una cuenta de ahorros para la jubilación a través de tu empleador, para aprovechar los beneficios fiscales. Puedes consultar las implicaciones y detalles con el Departamento de Recursos Humanos. En 2023, podías aportar 22.500 dólares (o hasta 30.000 dólares si tienes más de cincuenta años) a esta cuenta.[2]

Se trata de impuestos diferidos, lo que significa que se deducen de tu salario bruto, por lo que pagas menos impuesto sobre la renta. Algunos empleadores igualan tus contribuciones hasta cierta cantidad, lo cual concede un impulso considerable a tu cuenta de jubilación.[3]

La mayoría de las cuentas de jubilación patrocinadas por empleadores ofrecen al menos un fondo índice S&P 500. La contribución máxima para un plan para la jubilación es suficiente para la mayoría de las personas, por lo que no necesitas cuentas adicionales con ventajas fiscales como la cuenta IRA en Estados Unidos. Si eres autónomo, puedes inscribirte en una cuenta de jubilación individual en la oficina de agentes de bolsa que prefieras. Yo recomiendo Vanguard.

Si estás fuera de Estados Unidos, verifica si tu país ofrece inversión con impuestos diferidos a través de tu empleador. Si esta opción no es posible, puedes comprar un fondo cotizado en bolsa del S&P 500 (busca el símbolo de cotización VOO si estás en Estados Unidos o VUSA si te encuentras en Europa) a través de una cuenta de inversión y mantenerlo en una cuenta de jubilación individual (si es aplicable) o en una cuenta sujeta a impuestos.

Interactive Brokers es un operador de bolsa sólido que está disponible en más de doscientos países. Es el que yo uso. Como la mayoría de los corredores modernos, IBKR también ofrece inversión automatizada. En cuanto la configures, invertirás automáticamente la misma cantidad cada mes.

Lo más importante es simplificar tu método de inversión en acciones para que no puedas usar ninguna excusa. Estoy seguro de que ya sabes lo suficiente para empezar a invertir en acciones. Solo necesitas decidir *cuánto vas a invertir*.

Cuánto necesitas invertir

En el capítulo 12, mencioné que ahorrar el 30% de tus ingresos netos es un gran objetivo. Si no puedes ahorrar tanto, ajústalo a la baja, con un mínimo del 10 %. Pero ¿significa eso que todos tus ahorros, al margen de tu fondo de emergencia, deben ir al mercado de valores? ¿Y si quieres ahorrar dinero para comprar una casa u obtener una titulación superior? ¿Deberías invertir todos tus ahorros en el mercado de valores y retirarlos cuando los necesites?

No recomiendo retirar dinero de tu cartera durante la fase de acumulación de riqueza. Si quieres ahorrar para una gran compra o una titulación superior, usa tu cuenta de ahorro y asigna menos dinero al mercado de valores. Digamos que puedes ahorrar un 30 %. Pon el 20 % de ese dinero en la cuenta que utilizarás para esa gran compra, y usa el 10 % para comprar activos cotizados en bolsa de S&P 500. Merece la pena, aunque inviertas pequeñas sumas.

Antes de pensar que necesitas invertir miles de dólares al mes para disponer de millones cuando te retires, hagamos los cálculos con un ingreso familiar medio de 80.893 dólares al año.[4] El ingreso neto sería aproximadamente de 57.000 dólares.[5] Y usemos el rendimiento anual medio del S&P 500 desde 1980, que es del 11,44 %.

- Invirtiendo un 10 % al año, o 5.700 dólares, durante 30 años se obtienen 1.246.764,61 dólares.[6]
- Invirtiendo un 20 % al año, o 11.400 dólares, durante 30 años se obtienen 2.493.529,23 dólares.

- Invirtiendo un 30 % al año, o 17.100 dólares, durante 30 años se obtienen 3.740.293,84 dólares.

Ten en cuenta que este cálculo rápido refleja inversiones al margen de las cuentas de jubilación. Si inviertes las mismas cantidades en tu cuenta de jubilación, pagarás menos impuestos, lo que significa que tu ingreso neto será mayor. En cualquier caso, todas las opciones anteriores son suficientes para retirarse.

La pregunta es: ¿qué grado de comodidad deseas a la hora de retirarte? Si quieres estar *realmente* cómodo, necesitas la última opción. Podría no ser realista pretender invertir el 30 % de tus ingresos durante las etapas de tu vida en las que tienes más gastos, pero aun así puedes aspirar a invertir *algo*. Incluso con una cantidad inferior crearás una riqueza sustancial con el tiempo.

Si no dispones de tiempo, tendrás que invertir más. Si reducimos el horizonte a quince años, tendrás que invertir aproximadamente 32.000 dólares al año. Pero, como la mayoría ganamos más a partir de los cuarenta y los cincuenta años, sigue siendo un objetivo realista. Necesitaríamos invertir entre el 30 y el 50 % de nuestros ingresos. Hay gente que lo hace con veinte años, lo cual es innecesario. La vida es demasiado corta como para someternos a muchas privaciones. El equilibrio es la clave.

Además, hay otros dos factores que pueden tener un impacto positivo en tu situación financiera en una fase posterior de la vida. Ten en cuenta los siguientes aspectos a la hora de planear tu retiro:

- **Es probable que recibas una pensión de la Seguridad Social.** El trabajador retirado medio en Estados Unidos recibió 1.830 dólares cada mes en 2023.[7] El gobierno garantiza que los pagos de la Seguridad Social se mantengan actualizados con la inflación. Pero en los últimos años han superado la inflación. Por ejemplo, los trabajadores jubilados recibían 1.164 dólares en 2010.[8] En 2023, los jubilados vieron un aumento del 57 % respecto a los niveles de 2010, mientras que los precios al consumidor se incrementaron un 38 % durante ese tiempo.[9]
- **Podrías haber pagado tu hipoteca y tener un coste de vida más bajo.** En 2022, el 66 % de las familias en Estados Unidos vivían en una casa de su propiedad.[10] Aunque muchas personas asumen que las generaciones más jóvenes tienen problemas para comprar casas, los datos contradicen esta hipótesis. En 2022, eran propietarios de una vivienda el 30 % de las personas en torno a veinticinco años, que pertenecen a la generación Z (los nacidos entre 1997 y 2013),[11] un porcentaje algo supe-

rior al de los *millennials* (los nacidos entre 1981 y 1996) y al de la generación X (los nacidos entre 1965 y 1980), quienes contaban con una vivienda en propiedad en un 28 % y un 27 %, respectivamente. Ahora bien, por el hecho de haber comprado una casa y vivir en ella no debes dejar de invertir en acciones, ya que no te beneficiarás del aumento del valor de tu propiedad hasta que vendas tu casa a un precio más alto. Además, comprar o vender una casa conlleva costes que limitan tus posibles beneficios. Por estas razones, es mejor considerar la propiedad de una vivienda como un compromiso a largo plazo para vivir en un lugar, y no como una forma de generar riqueza.

Y no consideres un problema el hecho de que la pensión que recibes de la Seguridad Social sea baja o que no tengas un piso en propiedad. De hecho, una de las razones para invertir en el mercado de valores es mitigar los riesgos de depender de ayudas gubernamentales y de la propiedad de una casa. Inviertes porque quieres ser independiente. Por lo tanto, considera que la Seguridad Social y la propiedad de una casa son un plus para que tu retiro sea más cómodo.

¿Necesitas un asesor?

Si decides recurrir a un asesor financiero humano o a un asesor automatizado, deberás tener en cuenta el gasto que ello supone. Los asesores financieros suelen cobrar un 1 % o más al año por los activos bajo gestión. La mayor parte de asesores automatizados cobran entre el 0,2 y el 0,5 % al año.

Creo que un asesor financiero humano es beneficioso si dispones de una cartera de siete cifras o tienes más de cincuenta años. Cuando tienes mucho dinero en juego o te acercas a la jubilación, la sensación de miedo se multiplica por diez en los mercados bajistas. En estos momentos, un asesor financiero puede valer el 1 % que suelen cobrar.

Cuando el mercado se hunda y pienses: «¡Oh, no! He perdido 300.000 dólares. ¿Cómo podré recuperarme? Tengo que evitar seguir perdiendo dinero», tendrás que recurrir a alguien que te recuerde que las pérdidas solo son permanentes cuando vendes. Este tipo de apoyo emocional es algo que un asesor automatizado o un operador de bolsa *online* no pueden ofrecer. Estas plataformas ejecutarán las órdenes que les transmitas. Tu asesor humano se tomará el tiempo de hablar contigo antes de que realices un movimiento.

Sin embargo, cuando te encuentras en el apogeo de la fase de acumulación de riqueza, tienes que ahorrar en costes. Además, deberías estar lo suficientemente ocupado viviendo tu vida como para pensar en vender tus activos.

Si no eres un profesional de la inversión, pero observas el mercado cada día, te estás equivocando en la vida. ¡Ve y disfruta! Créate una carrera. Forma una familia. Pasa el tiempo con tus amigos. Y sigue invirtiendo.

EN RESUMEN

- Durante la fase de acumulación de riqueza, invierte solo en acciones. Esta estrategia ofrece la mejor relación riesgo/recompensa y no requiere mucho tiempo.
- Invierte al menos el 10 % de tus ingresos netos, aunque lo ideal es que sea un 30 %. Descubre cuál es la cantidad adecuada para ti teniendo en cuenta tu estilo de vida. Si durante unos años no puedes invertir más, hazlo en los años posteriores.
- No te prives de nada. Invertir 5.700 dólares al año durante 30 años te hará millonario si el rendimiento anual sigue siendo del 11,44 %.
- Evita las tarifas altas. Pequeños costes sostenidos a lo largo de décadas te supondrán una gran pérdida de ingresos. Debes estar muy atento a tus costes y tarifas.

Capítulo 14

Retírate como un estoico

Por lo general, cuando nos jubilamos, es mejor invertir en bonos que en acciones porque los bonos son más seguros y normalmente presentan un rendimiento igual a la inflación o algo superior. Los bonos deberían ayudarte a conservar tu riqueza cuando te retires.

Desde 1928 a 2022, los bonos del Tesoro de Estados Unidos han tenido un rendimiento anual medio del 4,87 %.[1] El mercado de valores ofreció unos beneficios medios aproximadamente del 10 % en el mismo marco temporal. Si inviertes en bonos, en el mejor de los casos renuncias al 5 % del rendimiento, y la volatilidad será menor. En última instancia, tiene que ver con esto: los bonos no manifiestan las salvajes oscilaciones del mercado de valores.

Pero, como inversor estoico, puedes asumir la volatilidad del mercado de valores aunque ya estés jubilado. Después de todo, la volatilidad es el precio que pagamos por unos rendimientos potencialmente más altos. Si solo tienes bonos, no estás necesariamente más protegido, y no acumularás mucha riqueza. Piensa en tu margen de seguridad cuando se trata de tus rendimientos y de la inflación.

Si la inflación es del 3 %, tu margen de seguridad es del 7 % si tienes acciones, y solo del 1,87 % si lo que has comprado son bonos. No me parece muy seguro, especialmente cuando la inflación es elevada.

Esta es la razón por la que las acciones superan a los bonos. Cuando alguien compra un bono, está prestando dinero al emisor del bono, ya sea un gobierno, una empresa u otra entidad. A cambio, el tenedor del bono recibe el pago de intereses y la promesa de que la suma principal será reembolsada en una fecha futura, conocida como la fecha de vencimiento del bono. Como prestamista, el tenedor de bonos tiene más seguridad que un accionista o propietario porque tiene un contrato legal que garantiza el reembolso de la suma principal.

Sin embargo, a diferencia de los accionistas, los tenedores de bonos no reciben una parte de las ganancias o dividendos si un negocio obtiene buenos rendimientos. Como tenedor de bonos, nunca puedes disfrutar de los beneficios del crecimiento económico. Como accionista, obtienes todos los beneficios, pero a cambio tienes más volatilidad. Eso no significa que te expongas a un mayor riesgo. Si tienes bonos de una empresa que quiebra, existe la posibilidad de que no recuperes todo tu dinero.

Por estas razones, invertir en acciones sigue siendo mejor para preservar y crear riqueza durante el retiro porque ofrece mejores rendimientos con un nivel de riesgo levemente mayor. Si deseas tener menos volatilidad, opta por una cartera 60/40, donde asignas un 60 % a acciones y un 40 % a bonos.

Cómo y cuándo retirar el dinero

Cuando se trata de la tasa de retirada (la cantidad que vendes cada año, durante la jubilación, para vivir), los expertos financieros suelen hablar de la «regla del X %». El porcentaje más utilizado es el 4 %.[2] Pero las tasas de retirada no deberían ser estrictas, sino fluidas, al igual que lo es la vida. Un individuo que se atenga estrictamente a la regla del 4 % vivirá con cierta privación si en realidad necesita retirar el 6 % al año. Por otro lado, acabará por sacar dinero que no le hace falta si otro año tan solo necesita el 2 %.

Es importante que seas flexible cuando te jubiles. Séneca lo expresó admirablemente: «También debemos ser flexibles para no depositar demasiadas esperanzas en nuestros planes establecidos».[3] Durante el retiro es importante atender a estos aspectos:

- Calcula cuánto dinero necesitas para vivir cada mes.
- Considera usar la pensión de la Seguridad Social y otros ingresos por jubilación a los que tengas derecho.
- Retira el dinero extra que precises de tu cuenta de jubilación o de tu cuenta de inversión cada mes (no retires el gasto de un año de una sola vez). Por ejemplo, si necesitas 3.000 dólares al mes, vende esa cantidad en acciones el primer día laboral de cada mes.
- Mantén un ahorro equivalente al gasto de seis meses en una cuenta especial para evitar la venta de emergencia de tus acciones.
- No hay nada malo en retirar el 6 % en un año cuando el mercado de valores está por encima del 10 %. También está bien retirar solo el 3 o el 4 % en un año en el que las acciones están bajas.

Como sabes cómo funcionan el mercado de valores y las inversiones, puedes adaptar tu retirada de dinero según las condiciones del mercado. Sin embargo, evita gastar mucho tiempo y energía en la diversificación o minimización del riesgo. No merece el esfuerzo obtener el mismo rendimiento con menos volatilidad. Como inversor estoico, tu ventaja consiste en la inmunidad frente a la volatilidad.

Evita vivir en el futuro

Una de las mayores causas de tristeza en la vida es cuando un día te levantas y piensas: «¿Por qué no hice antes las cosas que quería hacer?». Esto es algo que he visto que les ha ocurrido a todos los miembros de mi familia en cuanto pasaban de los sesenta.

Como dice Séneca: «Oirás a mucha gente decir: "A los cincuenta me dedicaré a disfrutar de la vida; a los sesenta renunciaré a los deberes públicos". Pero ¿quién te garantiza que tendrás una vida larga?».[4]

Podrás ahorrar, invertir y planificar todo lo que quieras, pero no tienes la garantía de una vida larga. Vive una vida responsable. Pon un ojo en el futuro, pero vive en el ahora. La mayoría lo hacemos al revés. En nuestra mente vivimos en el futuro y, en consecuencia, prestamos escasa atención al presente. Nos decimos que hemos de posponer el placer hasta ganar cierto sueldo, ser promocionados, obtener un título, encontrar el amor, y así sucesivamente.

La mayor parte de la gente solo está lista para «vivir cuando la vida debe acabar», tal como bellamente lo expresó Séneca.[5] Al mirar la vida de frente, descubren que es breve. Mientras vivas, nunca olvides que el futuro no está garantizado. Atente a tus planes. Pero no esperes nunca el perfecto momento en el futuro para empezar a vivir. La vida sucede ahora. Ahora mismo.

EN RESUMEN

- Si quieres maximizar tus beneficios durante tu jubilación, inviértelo todo en acciones. Como inversor estoico, estás acostumbrado a las subidas y bajadas del mercado. Si quieres tener el máximo rendimiento posible sin asumir un riesgo excesivo, mantén el rumbo.
- Si eres un jubilado más conservador, asigna un 60 % a acciones y un 40 % a bonos. Tu rendimiento será menor, pero tendrás una mayor paz mental si las oscilaciones del mercado te perturban.
- Retira la suma de dinero que necesitas cada mes y evita vender acciones para cubrir los gastos de todo un año.
- Mientras inviertes, no pienses mucho en el retiro. Si cada mes inviertes con diligencia, dispondrás de riqueza en tu jubilación.

Capítulo 15

La regla de especulación 90/10

La mayoría de los libros sobre inversión pasiva y finanzas personales están firmemente en contra de operar con acciones. Argumentan que no se puede hacer, porque la mayoría de los operadores de bolsa y los gestores de fondos de inversión no logran superar al mercado. Extrapolan esa conclusión y asumen que nadie puede hacerlo. Esto, obviamente, no es verdad. Lo que sí es verdad es que superar al mercado es muy difícil y consume mucho tiempo; por esta razón en este libro propongo usar una estrategia de inversión simple.

Sin embargo, si sientes curiosidad por el comercio activo y estás dispuesto a dedicarle el tiempo necesario, podrás obtener beneficios. El hecho de que las probabilidades estén en tu contra no significa que no se pueda lograr. Como dijo Marco Aurelio: «Si algo te resulta difícil y penoso, no pienses que es imposible para el hombre; antes bien, piensa que, si algo es posible y connatural al hombre, eso también está a tu alcance».[1]

Desde que supe que existía el mercado de valores, me entusiasmó la idea de operar en él. Con el paso de los años, a medida que me conocí mejor, descubrí que no soy una persona que asuma grandes riesgos, así que limito mis operaciones. Sigo la regla de especulación 90/10: Limita tus pérdidas especulando solo con el 10 % de tu cartera de acciones.

Esta regla me permite realizar operaciones de mayor riesgo, pero me garantiza que nunca iré demasiado lejos. Por cada dólar que invierto en el mercado de valores, dedico 90 centavos al índice S&P 500. Ese dinero entra en el mercado y se queda allí por un largo tiempo. Entonces uso los otros 10 centavos para especular. Tal vez convierta esos 10 centavos en 20, o tal vez los pierda. Ambos resultados están bien.

Recuerda: operar e invertir son dos cosas diferentes. Invertir significa comprar y mantener acciones. Operar (o especular) es el proceso de comprar y vender con la intención de obtener una ganancia en tus operaciones. Es habitual que un buen operador no sea un buen inversor a largo plazo, porque requiere un conjunto de habilidades diferente. Lo contrario también es cierto. Pero eso no significa que los inversores nunca operen, o viceversa.

Incluso el más célebre inversor a largo plazo, Warren Buffett, opera con acciones de forma ocasional. Aunque tiene como objetivo comprar y mantener acciones, a veces estas terminan siendo operaciones a corto plazo. Por ejemplo, en 2020 Berkshire Hathaway compró acciones de la empresa de minería de oro Barrick Gold[2] y las vendió seis meses después casi al mismo precio; una operación que prácticamente alcanzó un punto de equilibrio.[3]

La posición representaba un ínfimo 0,064 % del total de activos de Berkshire,[4] por lo que el riesgo para la empresa era mínimo.[5] Como inversores individuales, no tenemos miles de millones de dólares para invertir, por lo que necesitamos asignar un porcentaje mayor a las operaciones si queremos que nuestra inversión valga la pena.

Si operas con el 50 % de tus ahorros y lo pierdes todo, tu estilo de vida tendrá que cambiar. Tendrás menos seguridad financiera, y eso influirá en tu forma de vida. Si operas con el 1 % de tus ahorros y los pierdes, estarás bien. Pero, incluso si obtienes un rendimiento del 100 %, el dinero extra no merecerá la pena, en términos relativos.

Imaginemos que tienes 100.000 dólares y especulas con 1.000 dólares. Un rendimiento del 20 % sobre esa cifra son 200 dólares, lo cual está bien, pero representa solo el 0,2 % de tu cartera total. Si especulas con 10.000 dólares y logras el mismo rendimiento, habrás ganado 2.000 dólares, lo que hace que tu esfuerzo valga la pena. Recuerda que obtener ese beneficio exige una cantidad significativa de tiempo y energía.

Si no especulas con cantidades mayores de dinero (pero lo haces con cantidades modestas y de las que te puedes desprender), no te valdrá la pena el tiempo que emplees. Así pues, si quieres operar con acciones, pero tienes menos de 10.000 dólares, esta no es una buena inversión de tu tiempo. Tiene más sentido cuando tus posibles beneficios son mayores que el salario que recibes por tu trabajo.

De cualquier modo, la regla 90/10 es el planteamiento más responsable y estoico para la especulación. Limita tu pérdida potencial, y tus potenciales rendimientos harán que valga la pena emplear tu tiempo.

Durante la última década, he estudiado a los operadores de mayor éxito en el mercado de valores, como Jesse Livermore, Stanley Druckenmiller, George Soros, Paul Tudor Jones, Richard Dennis, sir John Templeton, Marty Schwartz y muchos más, y, teniendo en cuenta sus ideas y los resultados que han obtenido, he identificado los cinco pilares en los que se basa el éxito en el comercio de acciones.

Pilar 1: Espacia tus operaciones en el tiempo

Los mejores operadores de la historia no operaban diariamente, lo que hacían era llevar a cabo varias operaciones exitosas al año. A veces, cuando el mercado iba en su contra, evitaban comprar o vender valores, pero, si veían más oportunidades, se mostraban más activos de lo habitual.

En general, es una idea errónea considerar que los operadores de éxito realizan muchas operaciones al día. Como explicó Jesse Livermore, «No se puede ganar dinero de forma constante operando cada día o todas las semanas».[6]

Los operadores que compran cuando el mercado está saliendo de una corrección o de un punto bajo son los que ganan más dinero. En su libro *Devil Take the Hindmost*, Edward Chancellor escribe sobre cómo algunos de los primeros operadores ganaron dinero en la década de 1860 siguiendo la estrategia del «pájaro del pánico»: «Algunos especuladores, conocidos como "pájaros del pánico", acudían al mercado solo después de que los precios se hubieran desplomado y el dinero escaseara; compraban con cuidado, aseguraban sus inversiones y se mantenían alejados de Wall Street hasta que sobrevenía el siguiente desplome del mercado».[7]

De manera similar, los operadores que compraron acciones después de la crisis financiera de 2008 obtuvieron grandes beneficios. Sin embargo, como advierte Chancellor, los pájaros del pánico eran una «raza rara». Se requiere disciplina y paciencia para operar solo cuando se dan oportunidades excepcionales.

Pilar 2: Limita tus pérdidas al 10 %

Dado que el comercio de acciones es una actividad compleja, es probable que un operador acumule más operaciones perdedoras que ganadoras. Los buenos operadores simplemente obtienen beneficios cuando aciertan y limitan sus pérdidas cuando se equivocan.

Los inversores de éxito limitan sus pérdidas para evitar arruinarse. Un buen operador no tiene miedo a equivocarse. Cuando compras un activo como inversor a corto plazo, esperas que suba, y si eso no sucede en unas dos semanas, es que te has equivocado. Un buen operador admite rápidamente su equivocación y sale de la operación una vez superado el límite de tiempo que se había planteado para su inversión (es clave que, antes de entrar en una operación, tengas claro cuándo quieres salir de ella). Un umbral de pérdida habitual es del 10 %.[8]

Cuando compras una acción, puedes establecer de inmediato una orden de detención de pérdidas al 10 %. Una orden de detención de pérdidas es una orden que se activa solo cuando el precio de tu acción cae por debajo de un nivel especificado. Supongamos que compras una acción a 100 dólares la unidad y deseas limitar tu pérdida al 10 %. Estableces una orden de detención de pérdidas en 90 dólares por acción. Si el precio cae a 90 dólares o menos, se activará la orden de detención de pérdidas y la acción se venderá automáticamente al precio de mercado.

Pilar 3: Nunca promediar a la baja

Si ignoras el pilar anterior, tiendes a repetir tu error inicial. Esto se llama promediar a la baja y es una forma de autoengaño. Un operador que compra una acción a 100 dólares con la expectativa de que suba a 130 tendrá dificultades para abandonar la operación si el precio baja. De hecho, puede que incluso quiera comprar más. A fin de cuentas, si te gusta una acción a 100 dólares, te encantará si cuesta 80 dólares; el mercado te ofrece un descuento temporal.

Pero así es como debería pensar un inversor a largo plazo, no un operador. Si estás operando con acciones, sal de la operación si la acción va en la dirección contraria. Así es como se instala el autoengaño.

Imaginemos que compras una acción a 100 dólares y baja a 80. Ignoras el pilar 2 y compras otras acciones a 80 dólares, lo que reduce tu coste medio a 90 dólares por acción. Genial, obtendrás un mejor rendimiento cuando suba de 90 a 130 dólares. Pero esa es una suposición errónea. Como todo operador e inversor debe saber, el mercado es impredecible. La acción de 80 dólares podría subir a 200, pero también bajar hasta 20. ¿Estás dispuesto a arriesgarte a lo segundo? Corta tus pérdidas antes de que escapen a todo control.

Pilar 4: No compres activos populares

Cuando la gente habla de ciertos activos o acciones en la universidad, durante la pausa del almuerzo en el trabajo o en una fiesta de cumpleaños, es demasiado tarde para comprar. Los precios de las acciones nuevas y de moda siguen un ciclo:

1. **Oscuridad.** Cuando solo una pequeña comunidad conoce una nueva tendencia, tecnología o empresa que está creciendo a gran velocidad.
2. **Conocimiento.** El momento en el que los inversores avisados la descubren y empiezan a comprar masivamente. Algunas publicaciones financieras detectan la tendencia.
3. **Euforia.** Los medios de comunicación de masas y las redes sociales hablan de los grandes beneficios de ciertos activos. Aquí es cuando los no inversores sienten curiosidad y empiezan a comprar. También es el momento en el que los inversores serios empiezan a vender.
4. **Colapso.** Una vez que los inversores serios se han marchado, la demanda del activo colapsa y los inversores de la última etapa se enfrentan a las pérdidas.

La idea de comprar durante las fases 1 y 2 suena bien, pero en realidad esto solo sucede en un puñado de ocasiones

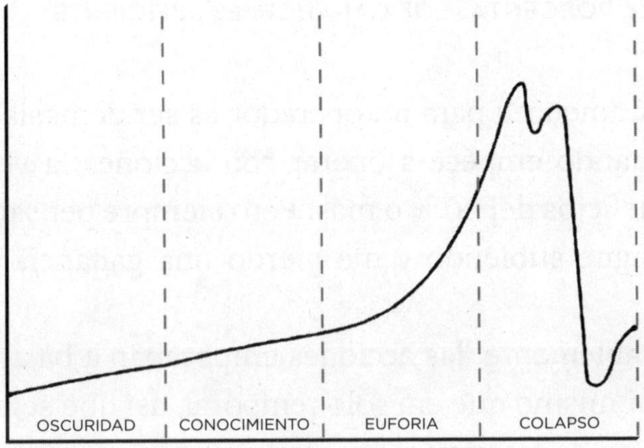

Figura 12. Los precios de las acciones nuevas y de moda siguen un patrón común vinculado a la psicología general del mercado.

en la vida de un inversor profesional. Es mejor que evites comprar durante el final de la fase 3. Es en ese momento cuando los medios de comunicación como *The New York Times* y CNBC se hacen eco, o cuando tus amigos que no son inversores mencionan una acción o activo en particular. Sin embargo, a través de tu propia investigación y análisis de acciones, podrías encontrar oportunidades al final de la etapa 2 o *al inicio* de la etapa 3, cuando aún no es demasiado tarde para generar beneficios. Sal de ahí en cuanto hayas obtenido algún beneficio.

Pilar 5: El porcentaje de ganancia es suficiente

La mayor amenaza para un operador es ser demasiado avaricioso. Cuando empecé a operar con acciones, a veces tuve unos beneficios del 30 % o más. Pero siempre pensaba: «¿Y si la cosa sigue subiendo y me pierdo una ganancia aún mayor?».

Inevitablemente, las acciones empezaban a bajar y yo me decía a mí mismo que era solo temporal, así que seguía manteniéndolas. Las acciones seguían bajando. Por último, después de mucho tiempo, las vendía con pérdidas. Por esa razón, operar con acciones no es fácil. Piensas: «¿Qué ha pasado? Tenía unos beneficios del 30 % y ahora lo que tengo son unas pérdidas del 30 %».

Así de rápido se mueve el mercado. Si quieres ser un operador serio, necesitas una estrategia para obtener rendimientos. ¿A veces te perderás la oportunidad de multiplicar por diez tu inversión? Sin duda. Pero al menos ganarás dinero y evitarás grandes pérdidas.

En cuanto he logrado un 20 % de beneficio en una operación, vendo inmediatamente a menos que esté seguro de que el precio seguirá subiendo. Si tengo la sensación de que la acción en concreto tiene un potencial de subida, utilizo una orden «dinámica de detención de pérdidas», que protege mi beneficio mientras el precio sigue subiendo. A diferencia de una orden de detención de pérdidas, una orden dinámica ajusta automáticamente el precio de la detención de pérdidas a medida que sube el precio de las acciones. Por ejemplo, si has comprado a 100 dólares y sube hasta los 140, puedes hacer tres cosas:

1. Vender las acciones a 140 dólares y obtener un beneficio del 40 %.
2. Mantener las acciones y fijar una detención de pérdidas en 120 dólares para asegurar un beneficio del 20 % y al mismo tiempo dar un margen a las acciones para seguir subiendo.
3. Establecer una detención de pérdidas dinámica en el 10 %, para ver si las acciones suben más, pero al mismo tiempo asegurarte de obtener al menos un beneficio del 20 %.

Si tu acción sube a 140 dólares, tu detención de pérdidas dinámica del 10 % significa que la acción se venderá a 126 dólares. Si el precio sube a 150, la detención de pérdidas dinámica se situará en 135 dólares. Este margen del 10 % seguirá ajustándose al precio de mercado, lo que implica que podrás ganar más dinero. Usar esta estrategia te ayudará a evitar el arrepentimiento por vender unas acciones que siguen subiendo. Siempre debes centrarte en los beneficios que has logrado, no en los rendimientos imaginarios que solo existen en tu mente.

Un juego de disciplina, habilidad o suerte

El mercado de valores puede ser tres cosas: un generador de riqueza a largo plazo, un mercadillo o un casino.

1. **Generador de riqueza a largo plazo.** No quieres perder tiempo en invertir. Pero deseas crear riqueza. Por lo tanto, necesitas una disciplina estoica para mantenerte en calma en las subidas y bajadas.
2. **Un mercadillo.** Consideras el mercado de valores como un lugar en el que comprar y vender bienes. En cierto modo, gestionas tu cuenta de operaciones como un negocio. Tus productos son activos. Necesitas capital para manejar tu negocio. Como en cualquier otro negocio, necesitarás destrezas.
3. **Un casino.** No quieres invertir tiempo o energía conociendo los entresijos del mercado de valores. Solo quieres probar. Tal vez te hagas rico.

Como estoico, es importante que seas muy honesto contigo mismo. ¿Cuál es tu planteamiento en relación con el mercado de valores? Si hay en ti una pizca de deseo de apostar, o de comprar y vender acciones sin una estrategia, admítelo ante ti mismo, porque has de tener claro que lo más probable es que, al igual que el jugador que va a Las Vegas, nunca hagas dinero así.

Si quieres tomarte en serio operar en el mercado de valores y lo concibes como dirigir un negocio, podrías tener éxito. Incluso si deseas operar con solo el 10% de tu dinero y hacerlo relativamente pocas veces. Hazlo bien o no lo hagas en absoluto.

Los estoicos creían en dar lo mejor de uno mismo en cada tarea. Como dijo Marco Aurelio: «Concéntrate cada minuto, como un romano [...] en hacer lo que tienes delante con precisión y auténtica seriedad, con suavidad, buena voluntad y justicia».[9]

Si no vas a tomarte en serio lo de operar en bolsa, evita hacerlo. Limítate a utilizar el mercado de valores como una forma de generar riqueza a largo plazo siguiendo la estrategia de inversión pasiva descrita en este libro.

EN RESUMEN

- Operar con acciones es diferente a invertir en acciones. Piénsalo detenidamente antes de empezar. Es una disciplina que requiere habilidades distintas a las necesarias para invertir.

- Si quieres operar con acciones, debes ser disciplinado. Una estrategia puede tener éxito solo si eres fiel a ella. De otro modo, no será más que una forma de perder dinero.
- Tómate en serio la idea de lograr beneficios. Si pierdes dinero constantemente al operar con acciones, replantea tu estrategia o déjalo. El objetivo de estas operaciones es ganar dinero.

Conclusión

Sé como el granito

Una vez hubo un rey que tenía la habilidad de transformar en oro todo lo que tocaba. Después de ayudar a un sátiro (un personaje de la mitología griega conocido por perseguir el placer y ser un seguidor de Dioniso, el dios del vino y el placer), el rey Midas recibió una oferta del propio Dioniso en señal de gratitud. El dios le aseguró que cumpliría cualquiera de sus deseos, y Midas, que era avaricioso, deseó que todo lo que tocara se convirtiera en oro.

Midas, más feliz que nunca, empezó a tocar objetos al azar y, exactamente como había deseado, todo se transformaba en oro. Sin embargo, muy pronto descubrió que no había pensado bien en ello. ¿Cómo iba a comer? Se volvió hacia su hija, la abrazó desesperado y, *voilà*, la joven se transformó en una estatua dorada. Sumido en los remordimientos, el rey se presentó ante Dioniso y le pidió que revocara su deseo.

Supe de la existencia del rey Midas en la escuela. En aquel tiempo, esta historia se utilizaba para inspirar cautela, que es también para lo que fue concebida. Sin embargo, en el mundo actual, la expresión «toque de Midas» se usa de forma *positiva*: se dice que alguien tiene el toque de Midas cuando es bueno ganando dinero.

Si sigues el camino estoico a la riqueza, no olvides la lección del rey Midas: la avaricia no conduce a la libertad. Las redes sociales nos hacen envidiar los coches nuevos, las casas y las vacaciones exóticas de los demás. Hoy son muchos los que sienten que se están perdiendo algo y que todos viven mejor. Estas emociones negativas son tu peor enemigo a la hora de crear riqueza.

Para aplicar todo lo que hemos aprendido en este libro —y hemos cubierto un campo amplio—, hemos de ser estoicos a lo largo de toda nuestra vida, lo que implica mantener nuestras emociones bajo control. Si vives según el camino estoico, te resistirás a tus emociones negativas y te mantendrás constante. Tendrás que hacer lo siguiente:

1. **Invertir en ti mismo.** Con tu conocimiento y habilidades, siempre podrás aportar valor a la economía. No tendrás que temer no disponer de ingresos durante mucho tiempo.
2. **Aceptar la pérdida.** Si sabes cómo puedes llegar a perder y sigues evitando la ruina financiera, siempre conservarás tu riqueza. Y lo más importante: afrontar la pérdida es el rasgo más importante del inversor a largo plazo, ya que es lo que te mantendrá en el juego.

3. **Dejar que tu dinero se multiplique**. Limítate a esperar y dejar que tu dinero haga el trabajo. Con el tiempo suficiente, tus pequeñas inversiones se convertirán en grandes sumas. Disfruta de tu vida, y recuerda siempre que tu riqueza crecerá mientras sigas invirtiendo.

La belleza de este camino es que todos y cada uno de nosotros podemos recorrerlo. Yo soy la prueba viviente de ello. Provengo de una familia que no tenía nada. Crecí en una ciudad pequeña. Era el único chico no blanco en mi clase. Y podría seguir describiendo mis limitaciones durante mucho tiempo. Apuesto a que tú también. Ninguno de nosotros ha tenido una vida fácil. A fin de cuentas, ¿no es por eso por lo que estás leyendo este libro?

Quieres ser rico. Y tienes derecho a serlo. No quieres vivir esperando tu nómina o preguntándote si vas a perder tu trabajo. Es hora de romper con ese patrón. Es hora de hacerse rico.

Sigue el camino que he expuesto en este libro. Confía en mí: funciona. Ahora, cuando me levanto por las mañanas, ya no pienso en el dinero. Me limito a hacer mi trabajo y a cumplir con mis responsabilidades con una sonrisa en el rostro. No lo hago porque sea extremadamente rico, lo que ocurre es que confío en mí mismo. El estoicismo me ha ayudado a cultivar hábitos fuertes que han hecho de mí una mejor persona y un mejor inversor. Cada día me atengo a esos hábitos. Por eso no tengo estrés financiero. Si mañana perdiera todo mi dinero, no temería por mi futuro. Tengo a mi alcance el camino estoico hacia la riqueza, que siempre me llevará en la dirección correcta.

Mientras sigas este camino, concéntrate en tus actos. Olvida las historias del éxito repentino de emprendedores millonarios que encontrarás en las redes sociales. Cada día, tu ventaja estoica te hará más fuerte. Seguirás siendo estoico en las recesiones, las pandemias, los desastres naturales, las guerras y todo el caos de la vida.

Nada podrá impedirte invertir. Esto es así porque siempre tenemos en mente el verdadero premio: la libertad. Esta es la razón por la que, en última instancia, hacemos lo que hacemos: invertir en nosotros mismos, afrontar la pérdida, dejar que nuestro dinero se multiplique en el mercado. Nada de todo esto es divertido, pero nos hace mental y financieramente más fuertes, y con esa fuerza llega la libertad.

En el artículo de un blog que leí en plena crisis financiera de 2008, justo después de perder un montón de dinero en el mercado de valores —no recuerdo el título de la publicación ni quién la escribía—, hubo una frase que me impactó. Decía (me limito a parafrasear lo que leí): «¡Si tienes acciones y la idea de una recesión no te da escalofríos es que estás hecho de granito!».[1]

Por esta razón, el común de los mortales teme invertir en acciones. Es difícil controlar las emociones cuando el mercado sube o baja.

Pues bien, nosotros sí podemos. Somos de granito.

Te deseo una feliz inversión.

Agradecimientos

Gracias, lector. Siempre me recuerdo a mí mismo que sin lector no hay escritor. Desde 2015, los lectores me han hecho escritor. Y os lo agradezco.

Sin el apoyo de mi madre, mi padre y mi hermano, tampoco sería escritor. Con vuestro aliento constante, especialmente en los últimos ocho años, me he forjado una sólida carrera como autor.

A todos los que han contribuido directamente a *El camino estoico a la riqueza*: ¡muchas gracias! Antes pensaba que escribir era una búsqueda solitaria. Me equivocaba. Escribir un libro es un verdadero esfuerzo de equipo.

Quiero dar las gracias a mi ayudante de investigación, John Pucay: aprecio tu dedicación y la energía que has puesto al apoyarme en cada capítulo. Has trabajado en este libro como si fuera tuyo. A mi exayudante Karl Balonzo: tus primeras investigaciones, en 2021, fueron excelentes. A mi agente, Julie Stevenson, que creyó en esta idea desde el principio y que me ha apoyado a lo largo de más de dos años de escritura:

nuestras primeras conversaciones me ayudaron a idear la dirección que debía tomar el libro. Mi editora, Merry Sun, me ayudó a mejorar mi escritura y llevó este libro al siguiente nivel. Gracias al resto del equipo editorial por todas vuestras aportaciones, también a Leila Sandlin. A mi editor en Portfolio, Adrian Zackheim, y a la redactora jefe, Niki Papadopoulos, gracias por aceptar este proyecto. Todo el proceso ha sido positivo y maravilloso, y ha estado rebosante de energía. Todos le habéis dado a este libro un suelo fértil para crecer. Os doy las gracias por ello.

Gracias a Morgan Housel, Jimmy Soni, Tadas Viskanta, Scott Young y Derek Sivers. Aprecio vuestra ayuda cuando aún trabajaba en la propuesta del libro.

La inspiración para escribir esta obra y su formato han recibido la influencia de los trabajos de Robert Greene. Ha permeado mis ideas sobre la forma de contar y la sabiduría compartida. Ha establecido un estándar para los libros de no ficción, como este que el lector tiene en las manos.

Siendo sincero, podría seguir dando las gracias. Hay muchas personas que han alentado mi escritura en los últimos años. Si alguna vez hemos conectado de alguna forma, quiero que sepas que aprecio profundamente cada átomo del apoyo que recibí de ti. La gratitud es algo que mis padres me inculcaron. En mis años de infancia, no teníamos mucho, salvo la gratitud. Compartir vuestro aprecio es gratis. Pero el efecto que tiene en los demás no tiene precio. Gracias por pasar este tiempo conmigo. Os deseo lo mejor.

Darius
Junio de 2023

Notas

1. Mi búsqueda de la prosperidad permanente

1. Tami Luhby, «Wages Continue to Rise, but They Still Aren't Keeping Pace with Inflation», CNN, 31 de enero, 2023, <edition.cnn.com/2023/01/31/economy/workers-wages-fourth-quarter/index.html>.

2. «Value of $1 from 1980 to 2022», <officialdata.org/us/inflation/1980?endYear=2022&amount=1>.

3. «Stock Market Returns between 1980 and 2022», <officialdata.org/us/stocks/s-p-500/1980?amount=1&endyear=2022>.

4. J. B. Maverick, «S&P 500 Average Return», *Investopedia*, actualizado el 24 de mayo de 2023, <investopedia.com/askanswers/042415/what-average-annual-return-sp-500.as>.

5. El «valor real» de un dólar estadounidense decrece con el tiempo. En otras palabras, un dólar servirá para comprar menos cosas en una tienda. «Value of $1 from 1980 to 2022».

6. Ajustado por inflación, el valor nominal final de 105.244,24 dólares de la inversión original de 1.000 dólares tendría un rendimiento ajustado por inflación de 29.632,50 dólares. «Stock Market Returns between 1980 and 2022».

7. Organización Mundial de la Salud, «WHO Coronavirus (COVID-19) Dashboard», <covid19.who.int/?mapFilter=deaths>.

8. Juliana Menasce Horowitz, Ruth Igielnik y Rakesh Kochhar, «Trends in Income and Wealth Inequality», Pew Research Center, 9 de enero de 2020, <pewresearch.orgsocial-trends/2020/01/09/trends-in-income-and-wealth-inequality>.

9. Robert Frank, «Where the Rich Make Their Income», *CNBC*, 9 de abril de 2015, <cnbc.com/2015/04/09/where-the-rich-make-their-income.html>.

10. BNY Mellon Wealth Management, «The Rise of Retail Traders», noviembre de 2021, <bnymellonwealth.com/insights/the-rise-of-retail-traders.html>.

11. George Smith, «Is 2022 One of the Most Volatile Years Ever for Stocks?», *LPL Research*, 1 de septiembre de 2022, <lplresearch.com/2022/09/01/is-2022-one-of-the-most-volatile-years-ever-for-stocks>.

12. World Federation of Exchanges, «Welcome to the Future of Markets», world-exchanges.org.

13. Bob Pisani, «Attention Robinhood Power Users: Most Day Traders Lose Money», *CNBC*, 20 de noviembre de 2020, <cnbc.com/2020/11/20/attention-robinhood-power-users-most-day-traders-lose-money.html>.

14. Josh Meyers, «New Report Finds Almost 80% of Active Fund Managers Are Falling Behind the Major Indexes», *CNBC*, 27 de marzo de 2022, <cnbc.com/2022/03/27/new-report-finds-almost-80percent-of-active-fund-managers-are-falling-behind.html>.

15. Dean Talbot, «Business Book Sales Statistics», *WordsRated*, 20 de diciembre de 2022, <wordsrated.com/business-books-statistics>.

16. Andy Shuler, «9 Top Benjamin Graham Quotes on Value Investing», *eInvesting for Beginners*, 21 de noviembre de 2019, <einvestingforbeginners.com/benjamin -graham-quotes-ashul>.

17. John Carney, «America Lost $10.2 Trillion in 2008», *Business Insider*, 3 de febrero de 2009, <businessinsider.com/2009/2/america-lost-102-trillion-of-wealth-in-2008?international=true&r=US&IR=T>.

18. Lucio Anneo Séneca, *Selected Letters*, trad. Elaine Fantham, Oxford, Oxford University Press, 2010, pág. 253.

19. Bob Pisani, «One Year Ago, Stocks Dropped 12% in a Single Day. What Investors Have Learned Since Then», *CNBC*, 16 de marzo de 2021, <cnbc.com/2021/03/16/one-year-ago-stocks-dropped-12percent-in-a-single-day-what-investors-have-learned-since-then.html>.

2. Crear riqueza aplicando la sabiduría antigua

1. Joshua J. Mark, «Zeno of Citium», *World History Encyclopedia*, 15 de febrero de 2011, <worldhistory.org/Zeno_of_Citium>.

2. Chuck Chakrapani, *The Good Life Handbook: Epictetus' Stoic Classic Enchiridion*, Toronto, Stoic Gym, 2016, pág. 69.

3. Cómo crear una ventaja estoica en tres pasos

1. «Berkshire Hathaway: Everything You Need to Know», *Insurance Business*, consultado el 24 de julio de 2023, <insurancebusinessmag.com/us/companies/berkshire- hathaway/117652>.

2. «How Warren Buffett Keeps Up with a Torrent of Information», *Farnam Street*, sin fecha, <fs.blog/warren-buffett-information>.

3. Bloomberg editors, «Buffett Nears a Milestone He Doesn't Want: $100 Billion in Cash», *Money*, 7 de agosto de 2017, <money.com/warren-buffett-berkshire-hathaway-too-much-cash>.

4. Stash Team, «90% of Americans Want to Invest but Almost Half Don't Know Where to Start», *Stash*, 9 de agosto de 2022, <stash.com/learn/90-of-americans-want-toinvest-but-almost-half-dont-know-where-to-start>.

5. Caroline Banton, «The Rule of 72: What It Is and How to Use It in Investing», *Investopedia*, actualizado el 18 de junio de 2023, <investopedia.com/ask/answers/what-is-the-rule-72>.

6. Marco Aurelio, *Meditations*, trad. Gregory Hays, Nueva York, Modern Library, 2003, pág. 36. (Trad. cast.: *Meditaciones*, Barcelona, Debate, 2000).

Primer principio: Invierte en ti mismo

1. Marco Aurelio, *Meditations*, trad. Gregory Hays, Nueva York, Modern Library, 2003, pág. 73.

4. Las habilidades valiosas son mejores que el dinero

1. Lucinda Shen, «Why Wall Street Traders Are Obsessed with Jesse Livermore», *Business Insider*, 17 de julio de 2015, <businessinsider.com/the-life-of-jesse-livermore-2015-7>.

2. Tom Rubython, *Jesse Livermore: Boy Plunger. The Man Who Sold America Short in 1929*, Northamptonshire, UK, Myrtle Press, 2014.

3. Rubython, *Jesse Livermore*.

4. Rubython, *Jesse Livermore*.

5. Rubython, *Jesse Livermore*.

6. Rubython, *Jesse Livermore*.

7. David Hochfelder, «"Where the Common People Could Speculate": The Ticker, Bucket Shops, and the Origins of Popular

Participation in Financial Markets, 1880-1920», *Journal of American History 93*, n.º 2, 1 de septiembre, 2006, págs. 335-58, <doi.org/10.2307/4486233>.

8. Desde 1897, las autoridades empezaron a cerrar los chiringuitos financieros en Nueva York. El último fue clausurado en 1908. «Big Raid on Bucket Shops», *The New York Times*, 24 de abril de 1897, <nytimes.com/1897/04/24/archives/big-raid-on-bucket-shops-three-new-street-houses-closed-in-the.html>.

9. Rubython, *Jesse Livermore*.

10. Edwin Lefevre, *Reminiscences of a Stock Operator*, Nueva York, George H. Doran, 1923. (Trad. cast.: *Memorias de un operador en bolsa*, Barcelona, Deusto, 2009).

11. Ellen Terrell, «United Copper, Wall Street, and the Panic of 1907» *Inside Adams* (blog), Library of Congress, 9 de marzo de 2021, <blogs.loc.gov/inside_adams/2021/03/united-copper-panic-of-1907>.

12. Shen, «Why Wall Street Traders Are Obsessed».

13. Richard Smitten, *Jesse Livermore: World's Greatest Stock Trader*, Nueva York, John Wiley & Sons, 2001, pág. 36.

14. ET Bureau, «Market Crash of 1929: Some Facts of the Economic Downturn», *The Economic Times*, 22 de octubre de 2017, <economictimes.indiatimes.com/industry/miscellaneous/market-crash-of-1929-some-facts-of-the-economic-downturn/articleshow/61166918.cms?from=mdr>.

15. Ryan Holiday y Stephen Hanselman, *Lives of the Stoics: The Art of Living from Zeno to Marcus Aurelius*, Nueva York, Portfolio/Penguin, 2020, pág. 27. (Trad. cast.: *Vida de los estoicos*, Barcelona, Editorial Reverté, 2021).

16. Robert Greene, *Mastery*, Nueva York, Viking Adult, 2012, pág. 80. (Trad. cast.: *Maestría*, Barcelona, Editorial Océano, 2020).

17. Epicteto, *Enchiridion* (con una selección de los *Discursos*),

trad. George Long, Overland Park, KS: Digireads.com, 2016, pág. 71.

18. Lucio Anneo Séneca, *Selected Letters*, trad. Elaine Fantham, Oxford, Oxford University Press, 2010, pág. 31.

19. Marco Aurelio, *Meditations*, trad. Gregory Hays, Nueva York, Modern Library, 2003, pág. 156.

20. Epicteto, *The Art of Living: The Classical Manual on Virtue, Happiness, and Effectiveness*, trad. Sharon Lebell, San Francisco, Harper Collins, 1995, pág. 90. (Trad. cast.: *Un manual de vida: consejos estoicos para una vida mejor*, Barcelona, Editorial Letra Minúscula, 2022).

21. Epicteto, *Discourses and Selected Writings*, trad. Robert Dobbin, Nueva York, Penguin Classics, 2008, pág. 255.

22. William Zinsser, «Looking for a Model», *American Scholar*, 2 de diciembre de 2011, <theamericanscholar.org/looking-for-a-model/#.VVSw70JYzA4>.

23. Epicteto, *Discourses: Books 1 and 2*, trad. P. E. Matheson, Mineola, Dover Publications, 2004, pág. 144.

5. Los principios ocultos del mercado

1. Roger Lowenstein, *Buffett: The Making of an American Capitalist*, Nueva York, Random House, 1995.

2. Kathleen Elkins, «22 Mind-Blowing Facts about Warren Buffett and His Wealth», *Business Insider*, 23 de septiembre de 2015, <businessinsider.com/facts-about-warren-buffett-2015-9>.

3. Alice Schroeder, *The Snowball: Warren Buffett and the Business of Life*, Nueva York, Bantam Books, 2008.

4. Brian Domitrovic, «Why Did People Buy Stocks in the 1920s?», *Forbes*, 9 de enero de 2020, <forbes.com/sites/briandomitrovic/2020/01/09/why-did-people-buy-stocks-in-the-1920s>.

5. Domitrovic, «Why Did People Buy Stocks?».

6. Edgar Lawrence Smith, *Common Stocks as Long Term Investments*, Nueva York, Macmillan, 1924.

7. Joshua Kennon, «How Did Warren Buffett Become So Rich?», *The Balance*, actualizado el 5 de julio de 2022, <thebalancemoney.com/warren-buffett-timeline-356439>.

8. Schroeder, *Snowball*, pág. 131.

9. Schroeder, *Snowball*, pág. 129.

10. Schroeder, *Snowball*, pág. 151.

11. Mark Casson y John S. Lee, «The Origin and Development of Markets: A Business History Perspective», *Business History Review*, 85, n.o 1, 11 de mayo de 2011, págs. 9-37, doi.org/10.1017/S0007680511000018.

12. Charles M. Jones, «Century of Stock Market Liquidity and Trading Costs», *Columbia Business School Research Paper Series*, 22 de mayo de 2002, <www0.gsb.columbia.edu/mygsb/faculty/research/pubfiles/4048/A%20century%20of%20Market%20Liquidity%20and%20Trading%20Costs.pdf>.

13. «Electric Co. History, Profile and Corporate Video», *Companies History*, visitado el 26 de julio, 2023, <companieshistory.com/general-electric>.

14. Howard Marks, *Mastering Side the Market Cycle: Getting the Odds on Your Side*, Boston, Houghton Mifflin Harcourt, 2018, pág. 93. (Trad. cast.: *Cómo dominar el ciclo de las inversiones*, Barcelona, Valor Editions, 2019).

15. Marco Aurelio, *Meditations*, trad. Gregory Hays, Nueva York, Modern Library, 2003, pág. 70.

16. Warren E. Buffett, «Buy American. I Am», *The New York Times*, 16 de octubre de 2008, <nytimes.com/2008/10/17/opinion/17buffett.html>.

17. Lucio Anneo Séneca, *Seneca's Letters from a Stoic*, trad. Ri-

chard Mott Gummere, Mineola, Nueva York, Dover Publications, 2016, pág. 84.

6. La constancia compensa: invertir es un hábito

1. Robert D. Hershey Jr., «Geraldine Weiss Dies at 96; Blazed a Trail for Women in Investing», *The New York Times*, 26 de abril de 2022, <nytimes.com/2022/04/26/business/geraldine-weiss-dead.html>.

2. Kevin LeVick, «Geraldine Weiss: "The Grande Dame of Dividends"», *The Street*, 23 de marzo de 2021, <thestreet.com/dictionary/geraldine-weiss-the-grand-dame-of-dividends>.

3. «Geraldine Weiss», Capitol Private Wealth Group, sin fecha, <capitolpwg.com/wp-content/uploads/2017/07/Geraldine-Weiss.pdf>.

4. Katie McLaughlin, «5 Things Women Couldn't Do in the 1960s», *CNN*, 25 de agosto de 2014, <edition.cnn.com/2014/08/07/living/sixties-women-5-things/index.html>.

5. Shenandoah Weiss, «Geraldine Weiss Levine Interviewed by Granddaughters in 2011», 21 de enero de 2012, vídeo de YouTube, 56:31, <youtu.be/ep-_MRu45Wc>.

6. «Dividend Stocks Pay Off», *Forbes*, 12 de febrero de 2002, <forbes.com/2002/02/12/0212adviser.html?sh=31a7d6163dbd>.

7. Weiss, «Geraldine Weiss Levine Interviewed».

8. Amanda Leek, «How to Invest Like... Geraldine Weiss, the Queen of Blue-Chip Dividends», *Telegraph*, 18 de septiembre de 2017, <telegraph.co.uk/money/special-reports/invest-likegeraldine-weiss the-queen-blue-chip-dividends>.

9. Anupam Nagar, «Geraldine Weiss' Mantra for Investing Success: Stay with High Dividend–Paying Stocks», *The Economic Times*, 20 de febrero de 2021, <economictimes.indiatimes.com/mark

ets/stocks/news/bluechip-stocks-guru-geraldine-weiss-success-mantra-bet-on-high-dividend-paying-companies/articleshow/81124897.cms>.

10. Geraldine Weiss, «Happy Birthday, I.Q. Trends», *IQ Trends*, 1 de abril de 2006, <tayloredge.com/bits-n-pieces/news/happybirthday.pdf>.

11. Hershey Jr., «Geraldine Weiss Dies at 96».

12. Epicteto, *Enchiridion (with a Selection from the Discourses)*, trad. George Long, Overland Park, KS, Digireads.com, 2016, pág. 120.

13. Musonio Rufo, *Lectures and Sayings*, trad. Cynthia King, North Charleston, SC, CreateSpace, 2011, pág. 34.

14. Chuck Chakrapani, *The Good Life Handbook: Epictetus' Stoic Classic Enchiridion*, Toronto, The Stoic Gym, 2016, pág. 69.

15. Musonio Rufo, pág. 38.

16. Lucio Anneo Séneca, *Selected Letters*, trad. Elaine Fantham, Oxford, Oxford University Press, 2010, pág. 115.

Segundo principio: Acepta la pérdida

1. Epicteto, «The Enchiridion, Translated by Elizabeth Carter», The Internet Classics Archive, consultado el 24 de julio de 2023, <classics.mit.edu/Epictetus/epicench.html>.

7. No te inquietes por las pérdidas a corto plazo

1. FINAiUS, «How Cathie Wood Became the Queen of Retail Investors», 20 de noviembre de 2021, YouTube video, 30:12, <youtu.be/CIXH1cceujg>.

2. Adam Shell, «ARK Invest's Cathie Wood Reveals Her Successful Playbook», *Investor's Business Daily*, 29 de octubre de 2020, <investors.com/news/management/leaders-and-success/cathie-wood-ark-invest-shows-you-her-winning-playbook>.

3. «Tupelo Capital Management, L.L.C., 13F Report for Period Ending 2000-03-31», Comisión de Bolsa y Valores de Estados Unidos, consultado el 26 de julio de 2023, <sec.gov/Archives/edgar/data/1080349/000095012300004921/0000950123-00-004921.txt>.

4. «Tupelo Capital Management, L.L.C.».

5. Michael Wursthorn, «Cathie Wood, Meme-Stock Champion Who Bet Big on Tesla and Bitcoin, Stands Her Ground», *The Wall Street Journal*, 6 de agosto de 2021, <wsj.com/articles/cathie-wood-ark-guiding-light-meme-stock-investing-11628258307>.

6. Rebecca Lake, «History of IPOs That Failed», *SoFi*, 8 de marzo de 2022, <sofi.com/learn/content/ipos-that-failed/#>.

7. Matt Phillips, «God, Money, YOLO: How Cathie Wood Found Her Flock», *The New York Times*, 22 de agosto de 2021, <nytimes.com/2021/08/22/business/cathie-wood-ark-stocks.html>.

8. «ARK Innovation ETF ARKK: Performance», *Morningstar*, <morningstar.com/etfs/arcx/arkk/performance>.

9. Claire Ballentine, «Cathie Wood's Ark Invest Rocked as Shareholder Seeks Control», *Bloomberg*, 16 de noviembre de 2020, <bloomberg.com/news/articles/2020-11-16/takeover-battle-emerges-for-cathie-wood-s-ark-in-stellar-year>.

10. Hayley C. Cuccinello, «"Go For It": America's Richest Self-Made Women on Founding Businesses after 40», *Forbes*, 13 de octubre de 2020, <forbes.com/sites/hayleycuccinello/2020/10/13/american-self-made-women-founders-over-40>.

11. «ARK Innovation ETF (ARKK) Performance», *Yahoo! Finance*, <finance.yahoo.com/quote/ARKK/performance>.

12. Claire Ballentine, «Cathie Wood Amasses $50 Billion and a

New Nickname: "Money Tree"», *Bloomberg*, 5 de febrero de 2021, <bloomberg.com/news/articles/2021-02-05/cathie-wood-amasses-50-billion-and-a-new-nickname-money-tree>.

13. Jack Pitcher, «Investors Are Losing Faith in Cathie Wood's ARK Innovation», *The Wall Street Journal*, 12 de diciembre de 2022, <wsj.com/articles/investors-are-losing-faith-in-cathie-woods-ark-innovation-11670846139>.

14. Cathie Wood (@CathieDWood), «El mundo financiero critica y menosprecia la investigación y el enfoque de inversión de @ARKInvest en el crecimiento exponencial: desestima nuestras proyecciones sobre la masiva rentabilidad latente en empresas que sacrifican la rentabilidad a corto plazo en favor de un crecimiento exponencial y muy rentable a largo plazo», Twitter, 4 de diciembre de 2022, 10.53 horas. ET, <twitter.com/CathieDWood/status/1599431785431326721>.

15. Grace Dean, «Elon Musk Says Tesla Was Just a Month Away from Bankruptcy While It Ramped Up Production of the Model 3», *Business Insider*, 4 de noviembre de 2020, <businessinsider.com/elon-musk-tesla-bankruptcy-model-3-electric-vehicle-ev-production 2020-11>.

16. «Tesla Stock Price in 2018», *StatMuse*, <statmuse.com/money/ask/tesla+stock+price+in+2018#>.

17. En 2018, Wood predijo que Tesla alcanzaría los 4.000 dólares. Ese precio era antes de las divisiones de acciones de cinco por uno y tres por uno. Ajustándolo, su predicción era de aproximadamente 260 dólares. Matthew J. Belvedere, «Tesla Stock Going to $4,000— That Would be an Increase of 1,100%: Money Manager Catherine Wood», *CNBC*, 7 de febrero de 2018, <cnbc.com/2018/02/07/ark-chief-catherine-wood-sees-tesla-stock-going-to-4000.html>.

18. Tesla cotizaba alrededor de 300 dólares cuando Wood hizo su predicción en 2018. La acción alcanzó un mínimo de 177 dólares

en junio de 2019. Estos precios son anteriores a las divisiones de acciones. Alan Farley, «Slumping Tesla Stock Headed into Test of 2019 Low», *Investopedia,* 15 de agosto de 2019, <investopedia.com/slumping-tesla-stock-headed-into-test-of-2019-low-4767681>.

19. Matthew Fox, «ARK's Cathie Wood Made a Monster Call in 2018 That Tesla Stock Would Hit $4,000. Her Prediction Just Came True 2 Years Early», *Business Insider,* 8 de enero de 2021, <markets.businessinsider.com/news/stocks/tesla-stock-analysis-cathie-wood-ark-prediction-just-came-true-2021-1-1029944356>.

20. Marco Aurelio, *Meditations,* trad. Gregory Hays, Nueva York, Modern Library, 2003, pág. 10.

21. Lucio Anneo Seneca, *Selected Letters,* trad. Elaine Fantham, Oxford, Oxford University Press, 2010, pág. 267.

22. «Percentage Positive and Negative Days across Various Periods: S& P 500 Index», Crestmont Research, sin fecha, <crestmontresearch.com/docs/Stock-Yo-Yo.pdf>.

23. Ben Ward, «Cathie Wood's Been Busy Adding to ARK Invest's Holdings, Buying Tesla, Coinbase and More», *Nasdaq,* 20 de abril de 2023, <nasdaq.com/articles/cathie-woods-been-busy-adding-to-ark-invests-holdings-buying-tesla-coinbase-and-more>.

24. Musonio Rufo, *Lectures and Sayings,* trad. Cynthia King, North Charleston, SC, CreateSpace, 2011, pág. 37.

8. Evita perder todo tu dinero

1. Edward O. Thorp, *A Man for All Markets: From Las Vegas to Wall Street, How I Beat the Dealer and the Market,* Nueva York, Random House, 2017. (Trad. cast.: *Un hombre para todos los mercados: de Las Vegas a Wall Street: cómo batí a todos los casinos y al mercado,* Barcelona, Valor Editions de España, 2018).

2. Jacob Goldstein, «Episode 749: Professor Blackjack», 20 de enero de 2017, en *Planet Money*, transcripción del pódcast, <npr.org/transcripts/510810752>.

3. Robert Blincoe, «Defining Moment: A Professor Temporarily Turns the Tables on the Casinos, 1962», *Financial Times*, 28 de noviembre de 2009, <ft.com/content/99075802-d7de-11de-b578-00144feabdc0>.

4. Thorp, *Man for All Markets*, pág. 88.

5. Thorp, *Man for All Markets*, pág. 144.

6. Burton G. Malkiel, «The Math Whiz and the Money», *The Wall Street Journal*, 29 de enero de 2017, <wsj.com/articles/the-math-whiz-and-the-money-1485733245>.

7. «Stock Market Returns between 1969 and 1973», <officialdata.org/us/stocks/s-p-500/1969?amount=100&endYear=1973>.

8. Thorp, *Man for All Markets*, pág. 146

9. Michael Hiltzik, «Beating the Odds: Ed Thorp Tells How He Invented Card Counting and Made a Fortune on Wall Street», *Los Angeles Times*, 17 de febrero de 2017, <latimes.com/business/hiltzik/la-fi-hiltzik-thorp-20170217-story.html>.

10. Thorp, *Man for All Markets*, págs. 177-178.

11. Roger Lowenstein, *When Genius Failed: The Rise and Fall of Long- Term Capital Management*, Nueva York, Random House, 2000, págs. 67-77.

12. Thorp, *Man for All Markets*, pág. 265.

13. Sam Jones, «Meriwether's JWM Partners Winds Down Flagship Fund», *Financial Times*, 8 de julio de 2009, <ft.com/content/21a6bbee-6c00-11de-9320-00144feabdc0>.

14. Scott Patterson, «Old Pros Size Up the Game», *The Wall Street Journal*, 22 de marzo de 2008, <wsj.com/articles/SB120614130030156085>.

15. Thorp, *Man for All Markets*, pág. 213.

16. *Encyclopaedia Britannica*, s.v. «Juvenal: Quotes», <britannica.com/quotes/Juvenal>.

17. Corrie Driebusch, «IPO Stocks Have Tumbled, Hobbling Demand for New Listings», *The Wall Street Journal*, 26 de septiembre de 2022, <wsj.com/articles/poor-ipo-stock-performance-weighs-further-on-new-issue-market-11664184781>.

18. En realidad, no está muy claro que Keynes lo haya dicho. «The Market Can Remain Irrational Longer Than You Can Remain Solvent», *Quote Investigator*, sin fecha, <quoteinvestigator.com/2011/08/09/remain-solvent>.

19. Marco Aurelio, *Meditations*, trad. Gregory Hays, Nueva York, Modern Library, 2003, pág. 147.

20. Epicteto, *The Works of Epictetus: His Discourses, in Four Books, the Enchiridion, and Fragments*, trad. Thomas Wentworth Higginson, Nueva York, Thomas Nelson and Sons, 1890, pág. 2149.

21. Ben Carlson, «The Stock Market Is Not a Casino», *A Wealth of Common Sense* (blog), 25 de mayo de 2023, <awealthofcommonsense.com/2023/05/the-stock-market-is-not-a-casino>.

22. Marco Aurelio, *Meditations*, pág. 106.

23. Marco Aurelio, *Meditations*, pág. 142.

9. La avaricia no es buena

1. «VWELX Vanguard Wellington Fund Investor Shares», *Vanguard*, <investor.vanguard.com/investment-products/mutual-funds/profile/VWELX>.

2. John C. Bogle, *Stay the Course: The Story of Vanguard and the Index Revolution*, Hoboken, NJ, Wiley, 2018.

3. James Chen, «Go-Go Fund», *Investopedia*, 30 de junio de 2022, <investopedia.com/terms/g/go-go-fund.asp>.

4. Edward Wyatt, «John C. Bogle, Founder of Financial Giant Vanguard, Is Dead at 89», *The New York Times*, 16 de enero de 2019, <nytimes.com/2019/01/16/obituaries/john-bogle-vanguard-dead.html>.

5. Kathleen Elkins, «Jack Bogle Shares the $1 Billion Investing Mistake That Cost Him His Job», *CNBC*, 21 de diciembre de 2018, <cnbc.com/2018/12/20/jack-bogles-biggest-investing-mistake-cost-1-billion-and-his-job.html>.

6. Rick Ferri, «What Was John Bogle Thinking?», *Forbes*, 10 de febrero de 2014, <forbes.com/sites/rickferri/2014/02/10/what-was-john-bogle-thinking/?sh=ac281be68e71>.

7. Elkins, «Jack Bogle Shares».

8. Bogle, *Stay the Course*.

9. John Clifton Bogle, «The Economic Role of the Investment Company» (tesis, Princeton University, 1951), <dataspace.princeton.edu/handle/88435/dsp017m01bm63k>.

10. Jason Zweig, «Birth of the Index Mutual Fund: "Bogle's Folly" Turns 40», *Jason Zweig* (blog), 31 de agosto de 2016, <jasonzweig.com/birth-of-the-index-mutual-fund-bogles-folly-turns-40>.

11. Laura Southwick, «Jack and the Bogleheads: How Vanguard Changed Investing Forever», *Juno Finance* (blog), 4 de marzo de 2021, <juno.finance/blog/John-bogle-bogleheads-vanguard-history>.

12. John C. Bogle, «Bogle Sounds a Warning on Index Funds», *The Wall Street Journal*, 29 de noviembre de 2018, <wsj.com/articles/bogle-sounds-a-warning-on-index-funds-1543504551>.

13. Jason Zweig, «Birth of the Index Mutual Fund: "Bogle's Folly" Turns 40», *The Wall Street Journal*, actualizado el 31 de agosto de 2016, <wsj.com/articles/BL-MBB-52953>.

14. «Jack Bogle: The Man Who Pioneered Index Investing», *BBC News*, 17 de enero de 2019, <bbc.com/news/business-46906246>.

15. John C. Bogle, «How the Index Fund Was Born», *The Wall Street Journal*, 3 de septiembre de 2011, <wsj.com/articles/SB1000 1424053111904583204576544681577401622>.

16. CNBC.com staff, «Jack Bogle, Index Mutual Fund Pioneer», *CNBC*, 29 de abril de 2014, <cnbc.com/2014/04/29/25-jack-bogle.html>.

17. Bogle, *Stay the Course*.

18. «Assets Under Management (AUM) of Vanguard in 1975, 1990, 2005 and 2022 (in Billion U.S. Dollars)», *Statista*, visitado el 28 de julio de 2023, <statista.com/statistics/1260855/vanguard-aum>.

19. «Largest Asset Managers Worldwide as of March 2022, by Value of Managed Assets (in Trillion U.S. Dollars)», *Statista*, consultado el 28 de julio de 2023, <statista.com/statistics/322452/largest-asset-managers-world wide-by-value-of-assets>.

20. Shawn M. Carter, «This Was Jack Bogle's "Only Regret about Money"», *CNBC*, 18 de enero de 2019, <cnbc.com/2019/01/18/jack-bogles-only-money-regret.html>.

21. Nir Kaissar, «He Should Be a Billionaire, but Jack Bogle Chose to Make Others Richer», *Sydney Morning Herald*, 19 de enero de 2019, <smh.com.au/business/markets/he-should-be-a-billionaire-but-jack-bogle-chose-to-make-others-richer-20190119p50sd8.html>.

22. Wyatt, «John C. Bogle, Founder of Financial Giant».

23. Jeff Sommer, «Vanguard's Jack Bogle Wasn't a Billionaire. He Was Proud of That», *The New York Times*, 16 de enero de 2019, <nytimes.com/2019/01/16/business/vanguard-jack-bogle-death.html>.

24. *New World Encyclopedia*, s.v. «John D. Rockefeller», <newworldencyclopedia.org/entry/John_D._Rockefeller>.

25. John C. Bogle, *Enough: True Measures of Money, Business, and Life*, Hoboken, Nueva Jersey, Wiley, 2008, pág. 239. (Trad. cast.:

Suficiente: reflexiones sobre el dinero, los negocios y la vida, Madrid, Urano, 2022).

26. Para un análisis detallado de las semejanzas y diferencias entre estoicismo, epicureísmo y cinismo, véase esta conferencia de la profesora Edith Hall, una especialista británica en historia de la cultura y literatura griegas clásicas. Edith Hall, «Cynics, Stoics, Epicureans», Gresham College, 27 de mayo de 2021, vídeo, 45:58, <gresham.ac.uk/watch-now/cynics-stoics-epicureans>.

27. Lucio Anneo Séneca, *Selected Letters*, trad. Elaine Fantham, Oxford, Oxford University Press, 2010, pág. 5.

28. Ethan Wolff-Mann, «43% of Retail Investors Are Trading with Leverage: Survey», *Yahoo! Finance*, 9 de septiembre de 2020, <finance.yahoo.com/news/43-of-retail-investors-are-trading-with-leverage-survey-172744302.html>.

29. Musonio Rufo, *Lectures and Sayings*, trad. Cynthia King, North Charleston, SC: CreateSpace, 2011, pág. 36.

30. Chuck Chakrapani, *The Good Life Handbook: Epictetus' Stoic Classic Enchiridion*, Toronto, Stoic Gym, 2016, pág. 69.

31. William B. Irvine, *A Guide to the Good Life: The Ancient Art of Stoic Joy*, Oxford, Oxford University Press, 2008, pág. 54.

32. Musonio Rufo, pág. 74.

33. Irvine, *A Guide to the Good Life*, pág. 173.

Tercer principio: Multiplica tu dinero

1. Lucio Anneo Séneca, *Selected Letters*, trad. Elaine Fantham, Oxford, University Press, 2010, pág. 60.

10. Deja que tu dinero haga el trabajo

1. Peter Lynch y John Rothchild, *One Up on Wall Street: How to Use What You Already Know to Make Money in the Market*, Nueva York, Penguin Books, 1989. (Trad. cast.: *Un paso por delante de Wall Street*, Barcelona, Ediciones Deusto, 2015).
2. Anne Fisher, «From Golf Caddy to Big Shot: No Accidental Path», *Fortune*, 17 de julio de 2013, <fortune.com/2013/07/17/ from-golf-caddy-to-big- shot-no-accidental-path>.
3. «Betting on the Market Pros: Peter Lynch», PBS, sin fecha, <pbs.org/wgbh/pages/frontline/shows/betting/pros/lynch.html>.
4. «Peter Lynch Resource Page», *Value Walk*, sin fecha, <value walk.com/peter-lynch-resource-page>.
5. Peter Lynch y John Rothchild, *Beating the Street*, Nueva York, Simon & Schuster, 1992.
6. Lynch y Rothchild, *Beating the Street*, pág. 149.
7. Lynch y Rothchild, *Beating the Street*, pág. 148.
8. Anise C. Wallace, «Mutual Fund Champion Quits as Magellan Head», *The New York Times*, 29 de marzo de 1990, <nytimes. com/1990/03/29/business/mutual-fund-champion-quits-as-mage llan-head.html>.
9. Ryan McKeon y Jeffrey M. Netter, «What Caused the1987 Stock Market Crash and Lessons for the 2008 Crash», *Review of Accounting and Finance* 8, n.o 2 (19 de enero de 2009), págs. 123-137, <dx.doi.org/10.2139/ssrn.1330220>.
10. Lynch y Rothchild, *One Up on Wall Street*, pág. 36.
11. Steven Perlberg, «Mutual Fund Legend Peter Lynch Identifies His 'Three C's' of Investing in a Rare Interview», Business Insider, 6 de diciembre de 2013, <business insider.com/peter-lynch-charlie-rose-investing-2013-12>.
12. «Betting on the Market Pros: Peter Lynch».

13. Lucio Anneo Séneca, *Selected Letters*, trad. Elaine Fantham, Oxford, Oxford University Press, 2010, pág. 228.

14. Lucio Anneo Séneca, *On the Shortness of Life: Life Is Long if You Know How to Use It*, trad. C. D. N. Costa, Londres, Penguin Books, 2005, pág. 68. (Trad. cast.: *Sobre la brevedad de la vida*, Madrid, Alianza, 2011).

15. Maurie Backman, «Einstein Said Compound Interest Is the 8th Wonder of the World. Why Graham Stephan Thinks That's Right», *The Ascent*, 5 de enero de 2023, <fool.com/the-ascent/buying-stocks/articles/einstein-said-compound-interest-is-the-8th-wonder-of-the-world-why-graham-stephan-thinks-thats-right>.

16. Epicteto, *The Art of Living: The Classical Manual on Virtue, Happiness, and Effectiveness*, trad. Sharon Lebell, San Francisco, Harper Collins, 1995, pág. 90.

17. Epicteto, *The Art of Living*, pág. 90.

18. Musonio Rufo, *Lectures and Sayings*, trad. Cynthia King, North Charleston, SC: CreateSpace, 2011, pág. 86.

11. Confía en tu juicio

1. Julia La Roche, «The Fabulous Life of Stanley Druckenmiller–the Hedge Funder Who Says Old People Are Robbing Young People Blind», *Business Insider*, 5 de marzo de 2013, <businessinsider.com/life-of-stanley-druckenmiller-2013-3>.

2. Sebastian Mallaby, *More Money Than God: Hedge Funds and the Making of a New Elite*, Nueva York, Penguin Press, 2010.

3. «The Saturday Story: Soros Loses $2 Billion», *Independent*, 1 de noviembre de 1997, <independent.co.uk/life-style/the-saturday-story-soros-loses-2- billion-1291410.html>.

4. George Soros, *Soros on Soros: Ahead of the Curve*, Nueva York,

John Wiley & Sons, 1995, pág. 47; «Outwitting the Markets: 1969–80», Soros Fund Management LLC, Encyclopedia.com, consultado el 26 de julio de 2023, <encyclopedia.com/books/politics-and-business-magazines/soros-fund-management-llc#:~:text=in%20capital%2C%20including-,%24250%2C000,-of%20his%20own>.

5. En 1968, la SEC contabilizó 140 sociedades de inversión como fondos de inversión libre. A finales de 1970, los veintiocho fondos más grandes habían disminuido en un 70 %. El valor total de los fondos restantes en ese momento era de 300 millones de dólares. Alan Rappeport, «A Short History of Hedge Funds», *CFO*, 27 de marzo de 2007, <cfo.com/banking-capital-markets/2007/03/a-short-history-of-hedge-funds>.

6. Mallaby, *More Money Than God*.

7. Jack D. Schwager, *The New Market Wizards: Conversations with America's Top Traders*, Nueva York, HarperCollins, 1992. (Trad. cast.: *Los nuevos magos del mercado: entrevistas con traders legendarios*, Barcelona, Valors Editions de España, 2016).

8. Schwager, *New Market Wizards*, pág. 262.

9. Schwager, *New Market Wizards*, pág. 262.

10. Soros, *Soros on Soros*, pág. 61.

11. Katherine Burton, «Druckenmiller to Shut Fund after 30 Years as Stress Takes Toll», *Bloomberg*, 19 de agosto de 2010, <bloomberg.com/news/articles/2010-08-18/druckenmiller-calls-it-quits-after-30-years-as-hedge-fund-job-gets-tougher>.

12. Mallaby, *More Money Than God*, pág. 188.

13. Mallaby, *More Money Than God*.

14. Soros, *Soros on Soros*, pág. 62.

15. Andrew Beattie, «How Did George Soros Break the Bank of England?», *Investopedia*, 14 de noviembre de 2022, <investopedia.com/ask/answers/08/george-soros-bank-of-england.asp>.

16. Mallaby, *More Money Than God*, pág. 208.

17. Gregory Zuckerman, «How the Soros Funds Lost Game of Chicken against Tech Stocks», *The Wall Street Journal*, 22 de mayo de 2000, <wsj.com/articles/SB958944195758535588>.

18. Michael Batnick, *Big Mistakes: The Best Investors and Their Worst Investments*, Nueva York, Bloomberg Press, 2018.

19. Zuckerman, «How the Soros Funds Lost».

20. Zuckerman, «How the Soros Funds Lost».

21. Anupam Nagar, «Tendencies Charlie Munger Wants You to Beat to Make Money in Market», *The Economic Times*, 7 de noviembre de 2020, <economictimes.indiatimes.com/markets/stocks/news/tendencies-charlie-munger-wants-you-to-beat-to-make-money-in-market/articleshow/79097287.cms>.

22. Floyd Norris, «Another Technology Victim? Top Soros Fund Manager Says He "Overplayed" Hand», *The New York Times*, 29 de abril de 2000, <nytimes.com/2000/04/29/business/another-technology-victim-top-soros-fund-manager-says-he-overplayed-hand.html>.

23. Marco Aurelio, *Meditations*, trad. Gregory Hays, Nueva York, Modern Library, 2003, pág. 39.

24. Para un buen análisis de la rotación desde el *blockchain* (cadena de bloques) y las criptomonedas a la IA, véase Wright's Research, «Nvidia: Goodbye Crypto, Hello AI», *Seeking Alpha*, 22 de noviembre de 2022, <seekingalpha.com/article/4559930-nvidia-nvda-stock-goodbye-crypto-hello-ai>.

25. Desesperadas por conseguir beneficios, muchas empresas de la industria del *blockchain* y las criptomonedas intentaron cambiar su modelo de negocio. Stacy Elliott, «Bitcoin Miners Are Pivoting in Search of Profits—and Hedging Their Bets», *Decrypt*, 18 de octubre de 2022, <decrypt.co/112312/bitcoin-miners-pivoting-profits-hedging>.

26. Lucio Anneo Séneca, *Seneca's Letters from a Stoic*, trad. Ri-

chard Mott Gummere, Mineola, NY, Dover Publications, 2016, págs. 351-352.

27. Andrew Ross Sorkin y Peter Lattman, «Founder Terminating Hedge Fund», *The New York Times*, 18 de agosto de 2010, <nytimes.com/2010/08/19/business/19hedge.html>.

28. Peter Elstrom, Pavel Alpeyev y Lulu Yilun Chen, «Inside the Eccentric, Relentless Deal Making of SoftBank's Masayoshi Son», *Los Angeles Times*, 2 de enero de 2018, <latimes.com/business/la-fi-tn-masayoshi-son-soft bank-20180102-story.html>.

29. Masayoshi Son, «Masayoshi Son Talks about Learning from Mistakes and Turning Them into Success | DealBook», *The New York Times Events*, 17 de noviembre de 2020, YouTube video, 48:41, <youtube.com/watch?v=4KZrOf0lyUA>.

30. Marco Aurelio, *Meditations*, trad. Gregory Hays, Nueva York, Modern Library, 2003, pág. 37.

12. Mantén tu estrategia de inversión

1. William Green, *Richer, Wiser, Happier: How the World's Greatest Investors Win in Markets and Life*, Nueva York, Simon & Schuster, 2021. (Trad. cast.: *Más ricos, más sabios, más felices: cómo los mejores inversores del mundo ganan en los mercados y en la vida*, Barcelona, Valor Editions de España, 2022).

2. «Mohnish Pabrai's Interview at Mint Equitymaster Investor Hour on April 11, 2023», Chai with Pabrai (blog), <chaiwithpabrai.com/uploads/5/5/1/3/55139655/mohnish_pabrais_interview_at_mint-equitymaster_investor_hour_on_april_11_2023.pdf>.

3. Preston Pysh, «Mohnish Pabrai's Approach to Beating the Market», *Forbes*, 16 de enero de 2017, <forbes.com/sites/prestonpysh/2017/01/16/mohnish-pabrai/?sh=48e243dd3e01>.

4. «Mohnish Pabrai's Q& A Session with Students at Clemson University on January 27, 2021», Chai with Pabrai (blog), <chaiwithpabrai.com/uploads/5/5/1/3/55139655/mohnish_pabrais_qa_sessionwith_students_at_clemson_university_on_jan_27_2021_v2.pdf>.

5. «Mohnish Pabrai, Managing Partner, Pabrai Investment Funds», Udemy, sin fecha, <udemy.com/user/mohnishpabrai>.

6. Inc. Staff, «The Inc. 500 Index», Inc., 15 de octubre de 1996, <inc.com/magazine/19961015/2077.html>.

7. Nikhil Agarwal, «Man Who Made His Billions by Cloning Buffett, Says Shed Ego First to Get Rich», *The Economic Times*, 19 de mayo de 2021, <economictimes.indiatimes.com/markets/stocks/news/man-who-made-his-billions-by-cloning-warren-buffett-says-shed-ego-first-to-get-rich/articleshow/82761893.cms>.

8. Vanya Gautam, «Mohnish Pabrai: The "Copycat Crorepati" Who Made Billions by Following Warren Buffett's Strategy», *India Times*, 17 de noviembre de 2022, <diatimes.com/worth/news/copycat-crorepati-mohnish-pabrai-who-clones-warren-buffett-585048.html>.

9. William Green, «Turning $1 Million into $1 Billion by "Cloning" Warren Buffett», LinkedIn, 20 de abril de 2021, <linkedin.com/pulse/turning-1-million-billion-cloning-warren-buffett-william-green>.

10. Green, *Richer, Wiser, Happier*, pág. 35.

11. Agarwal, «Man Who Made His Billions».

12. John Vincent, «Tracking Stocks in Mohnish Pabrai's Investment Funds: Part III», *Seeking Alpha*, 10 de octubre de 2011, <seekingalpha.com/article/298573-tracking-stocks-in-mohnish-pabrais-investment-funds-part-iii>.

13. Chuck Chakrapani, *The Good Life Handbook: Epictetus' Stoic Classic Enchiridion*, Toronto, Stoic Gym, 2016, pág. 69.

14. Howard Marks, *Mastering the Market Cycle: Getting the Odds on*

Your Side, Boston, Houghton Mifflin Harcourt, 2018, pág. 235. (Trad. cast.: *Cómo dominar el ciclo de las inversiones: e inclinar las probabilidades de ganar a su favor*, Barcelona, Valor Editions de España, 2019).

15. Charles V. Bagli, «Nasdaq Adds the Biggest, Brightest Light to the Times Sq. Glare», *The New York Times*, 29 de diciembre de 1999, <nytimes.com/1999/12/29/nyregion/nasdaq-adds-the-biggest-brightest-light-to-the-times-sq-glare.html>.

16. Séneca, *Letters from a Stoic*, trad. Robin Campbell, Nueva York, Penguin Books, 2004, pág. 64.

17. «Mohnish Pabrai's Portfolio», *ValueSider*, consultado el 26 de julio de 2023, <valuesider.com/guru/mohnish-pabrai-dalal-street/portfolio>.

18. «Thoughts on the Business of Life», *Forbes*, <forbes.com/quotes/5755>.

19. Musonio Rufo, *Lectures and Sayings*, trad. Cynthia King, North Charleston, SC: CreateSpace, 2011, pág. 91.

13. Cómo empezar a invertir en acciones

1. A largo plazo, el S&P 500 ha ofrecido un rendimiento anual medio de alrededor del 10 % a los inversores, en comparación con solo un 3-4 % para bienes raíces. John Csiszar, «Should You Invest in Real Estate or the Stock Market?», *Yahoo! Finance*, 24 de frebrero de 2023, <finance.yahoo.com/news/invest-real-estate-stock-market-120027283.html>.

2. Adam Hayes, «401(k) Contribution Limits for 2022 vs. 2023», *Investopedia*, 30 de marzo de 2023, <investopedia.com/retirement/401k-contribution-limits>.

3. Si tu empleador iguala tu contribución al plan de pensiones,

contribuirá hasta una cierta cantidad. Esto generalmente varía entre el 4 y el 6 % de tu salario. Eso significa que no puedes ahorrar el 20 % y obtener otro 20 % de tu empleador. El porcentaje que igualan también varía según el empleador. Con un igualamiento parcial, tu empleador iguala un porcentaje de tu propia contribución, a menudo 50 centavos por cada dólar que contribuyas. Un igualamiento completo, también conocido como igualamiento dólar por dólar, significa que tu empleador igualará tus contribuciones dólar por dólar.

4. Ironman at Political Calculations, «Median Household Income in February 2023», *Seeking Alpha*, 4 de abril de 2023, <seekingalpha.com/article/4592188-median-household-ncome-in-february-2023>.

5. La tasa impositiva real depende del estado en el que vivas. Este calculador utiliza una carga fiscal promedio del 29,14 %. «Federal Income Tax Calculator—Estimator for 2022-2023 Taxes», Smart Asset, <smartasset.com/taxes/income-taxes#if0RCFtLkp>.

6. Cifras calculadas con la calculadora de interés compuesto de investor.gov compounding calculator. «Compound Interest Calculator», *Investor.gov*, <investor.gov/financial-tools-calculators/calculators/compound-interest-calculator>.

7. James Royal y Brian Baker, «What Is the Average Social Security Check?», *Bankrate*, 13 de julio de 2023, <bankrate.com/retirement/average-monthly-social-security-check>.

8. Administración de la Seguridad Social, «Average Retired Worker's Monthly Benefit Is $1,164», *Tampa Bay Times*, 28 de abril de 2010, <tampabay.com/archive/2010/04/28/average-retired-worker-s-monthly-benefit-is-1164>.

9. «CPI Inflation Calculator», Oficina de Estadísticas Laborales de Estados Unidos, <bls.gov/data/inflation_calculator.htm>.

10. Statista Research Department, «Homeownership Rate in the United States from 1990 to 2022», *Statista*, 6 de febrero de 2023,

<statista.com/statistics/184902/homeownership-rate-in-the-us-since-2003>.

11. Katherine Hamilton, «Gen Z Ahead of Millennials–and Their Parents—in Owning Their Own Homes», *Forbes*, 21 de abril de 2023, <forbes.com/sites/katherinehamilton/2023/04/21/gen-z-ahead-of-millennials-and-their-parents-in-owning-their-ownhomes/?sh=882c48a7d0e6>.

14. Retírate como un estoico

1. «Historical Returns on Stocks, Bonds and Bills: 1928-2022», New York University Stern School of Business, enero de 2023, <pages.stern.nyu.edu/~adamodar/New_Home_Page/datafile/histretSP.html>.

2. Jasmin Suknanan, «What Is the 4% Rule and How Can It Help You Save for Retirement?», *CNBC Select*, 30 de noviembre de 2022, <cnbc.com/select/what-is-the-4-percent-retirement-savings-rule>.

3. Lucio Anneo Séneca, *On the Shortness of Life: Life Is Long if You Know How to Use It*, trad. C. D. N. Costa, Londres Penguin Books, 2005, pág. 90.

4. Séneca, *On the Shortness of Life*, pág. 10.

5. Séneca, *On the Shortness of Life*, pág. 11.

15. La regla de especulación 90/10

1. Marco Aurelio, *Meditations*, trad. George Long, Standard Ebooks, dominio público, pág. 88, <standard ebooks.org/ebooks/marcus-aurelius/meditations/george-long>.

2. Theron Mohamed, «Warren Buffett Slashes JPMorgan and Wells Fargo Stakes, Bets on Barrick Gold», *Business Insider,* 14 de agosto, 2020, <markets.busi nessinsider.com/news/stocks/warren-buffett-sells-jpmorgan-wells-fargo-buys-barrick-gold2020-8-102950 6182>.

3. Shubham Raj, «Does Warren Buffett's Short Honeymoon with Gold Signal You to Sell Yours?», *The Economic Times,* 19 de febrero, 2021, <economictimes.indi atimes.com/markets/stocks/news/does-warren-buffetts-short-honeymoon-with-gold-signal-you-to-sell-yours/articleshow/81105197.cms>.

4. Los activos totales de Berkshire Hathaway fueron de 873,729 billones de dólares en 2020. «Berkshire Hathaway Total Assets 2010-2023 | BRK.B», *MacroTrends,* <macrotrends.net/stocks/charts/BRK.B/berkshire-hathaway/total-assets>. Compró acciones de Barrick Gold por un valor de 562 millones de dólares en 2020, por lo que una posición de 562 millones de dólares representaba el 0,064 % de los activos totales de Berkshire.

5. Maggie Fitzgerald, «Barrick Gold's Stock Soars More Than 10% after Buffett's Berkshire Reveals Stake», *CNBC,* actualizado el 19 de agosto de 2020, <cnbc.com/2020/08/17/barrick-golds-stock-soars-after-buffetts-berkshire-reveals-stake.html>.

6. Jesse Livermore, *How to Trade in Stocks,* Nueva York Duell, Sloan and Pearce, 1940, pág. 3.

7. Edward Chancellor, *Devil Take the Hindmost: A History of Financial Speculation,* Londres, Penguin, 1999, pág. 168.

8. The Investopedia Team, «Determining Where to Set Your Stop- Loss», *Investopedia,* 4 de junio, 2023, <investopedia.com/ask/answers/030915/how-do-i-determine-where-set-my-stop-loss.asp>.

9. Marco Aurelio, *Meditations,* trad. Gregory Hays, Nueva York, Modern Library, 2003, pág. 18.

Conclusión. Sé como el granito

1. Desafortunadamente, no puedo encontrar la fuente de esta cita. Tampoco sé quién fue el autor. Recuerdo que el autor defendía el oro como inversión en lugar de las acciones. Si conoces la fuente, ¡me encantaría saberla! Por favor, ponte en contacto conmigo a través de mi página web para que pueda actualizar estas notas.

Índice onomástico y de materias